MICHAEL FINK

Neues aus Pädagogien

Ein Läster-, Jammer- und Mutmachbuch

wamiki

IMPRESSUM

ISBN 978-3-945810-41-5
© 2018 Was mit Kindern GmbH – Der pädagogische Fachverlag, Berlin
www.wamiki.de – Alle Rechte vorbehalten

Zeichnungen: Tasche
Aus der Wanderausstellung: Pädagogien, mehr unter: wamiki.de/ausstellung/
Lektorat: Erika Berthold
Gestaltung: studio luxabor
Druck und Herstellung: DBM Druckhaus Berlin-Mitte GmbH

Weitere Informationen und Nachbestellungen unter: www.wamiki.de

INHALT

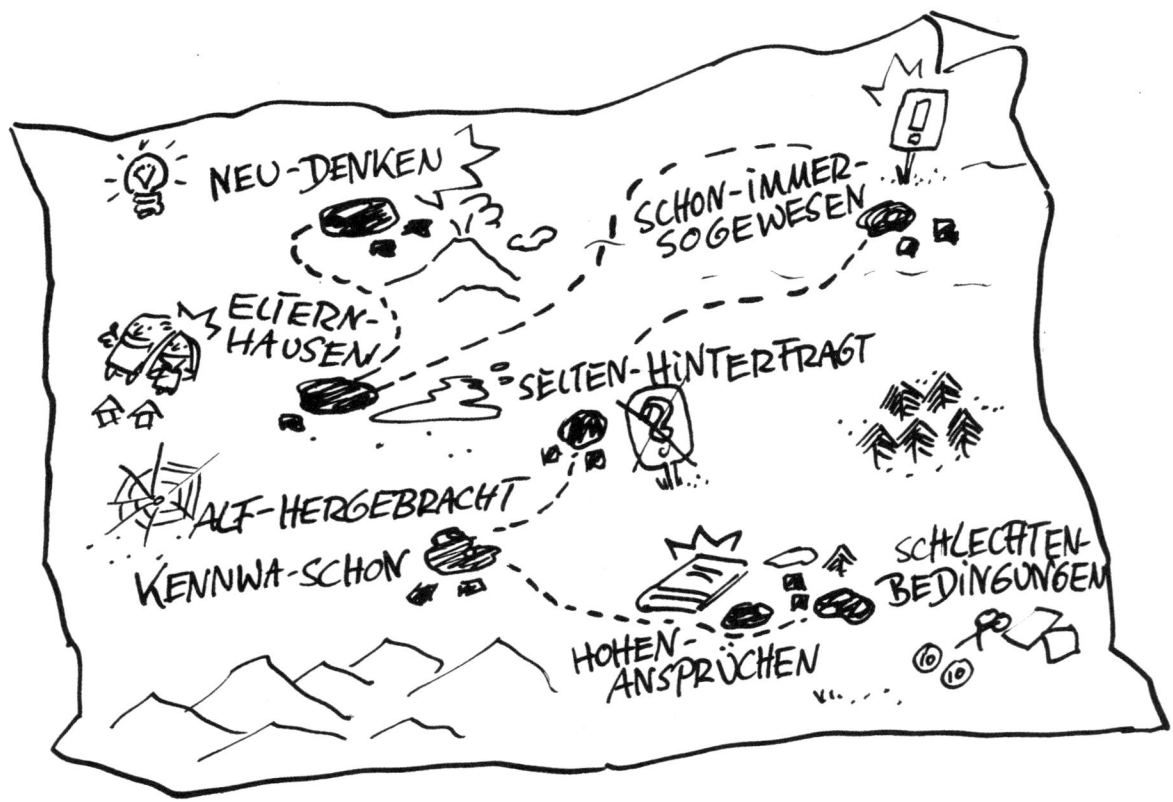

HIER KANNST DU PÄDAGOGIEN BUCHEN: .... 92 ff

VORWORT

Liebe Leserin, lieber Leser,

willst Du in diesem Buch ein wunderbares Land und seinen exotischen Charme kennenlernen? Sei herzlich willkommen und mit einer kurzen Einweisung von mir, dem Reiseleiter, beglückt.

Unser Reiseziel Pädagogien ist ein höchst interessanter Staat. Auf unseren Touren wirst Du die Gebräuche der Pädagogier und Pädagogierinnen kennenlernen. Du wirst über ihre Sprache staunen, eine seltsame Variante des Fachchinesischen. Du wirst erleben, wie das fromme Völkchen seine Heiligen – St. Fröbel, die gebenedeite Maria Montessori und andere Größen – verehrt, nicht ohne deren Weisungen immer wieder gern außer acht zu lassen. Du wirst die Leutchen, die stets das Beste für alle wollen, liebgewinnen, aber vielleicht auch ein bisschen fürchten, weil sie selbst die düsteren Seiten aus jedem herauskitzeln – sich selbst eingeschlossen.

Irgendwann stehst Du in einem der prächtigen Gebäude Pädagogiens, dort liebevoll „Einrichtung" genannt, und befindest Dich mitten in einer „Alltagssituation" oder genießt einen „Lernmoment". Und plötzlich merkst Du: Dieses sonderbare Volk, über das ich fast ein bisschen geschmunzelt habe, das kenne ich doch! Jawohl, auch in mir steckt ein kleiner Pädagogier. Oder eine Pädagogierin. Du täuschst Dich nicht, sondern reflektierst Dich in diesem Moment selbst, trainierst also eine der Lieblingssportarten der Pädagogier: Selbstreflexion.
Als Reiseleiter rate ich Dir: Gib nicht auf, bleib bei der Stange! Dann wird die Reise Dir nützliche Erkenntnisse und schöne Erinnerungen bescheren.

Liebe Freunde und Freundinnen Pädagogiens,

Euch begrüße ich besonders herzlich, da Ihr zehn Jahre nach dem Erscheinen von „Unterwegs in Pädagogien" Lust habt, die damals besuchten Stätten erneut anzusteuern, um zu schauen, was sich verändert hat. Viel ist es – vorab gesagt – nicht. Ja, die Kühe, die durch Pädagogien-Dorf gejagt wurden, hat man ausgetauscht, und manche Ortsschilder tragen neue, wohlklingendere Namen. Aber sonst ist alles beim Alten geblieben: Die Felswand der „Hohen Ansprüche" beeindruckt noch genauso wie einst. Die kleinen Forscher sind nicht gewachsen. Geldquellen tröpfeln zwar nach wie vor, aber die „Fachkräfte-Dürre" verwandelte sich inzwischen in eine fast endlose „Fachkräfte-Wüste". Was tut man als Reiseleiter in einem solchen Fall? Man denkt sich neue Werbe-Texte aus. Man arrangiert Treffen mit besonders skurrilen Einheimischen. Man ermittelt vorher investigativ, wo sie der Schuh drückt.
Auch für Euch, liebe Pädagogien-Fans, wird es also eine interessante Reise.

Dafür sorgt Euer Reiseleiter – Michael Fink

Hast Du Anmerkungen? Mach's wie wir und schreib sie ins Buch!

1. Reisetag:

Über Land und Leute

Treffe nach tagelangem Irren durch endlose Sümpfe auf ein Grüppchen von Menschen. Frage sie, wo es nach Pädagogien geht. Werde aufmunternd angeblickt und erhalte die Antwort: „Wo, denkst du, könnte es liegen?" „Keine Ahnung", stottere ich, „deshalb frage ich ja."

„Oh, wir glauben nicht, dass du keine Ahnung hast", sagt ein anderer und schaut mich ebenfalls freundlich an. „Wir glauben vielmehr, dass du alle Kompetenzen mitbringst, um das Land selbst zu finden! Und wir sind uns sicher, dass du das schaffst, wenn wir dir die bestmögliche Unterstützung sowie förderliche räumliche und materielle Rahmenbedingungen verschaffen, so dass du das Ziel, das du dir selbst gestellt hast..."

Ich höre nicht mehr zu, konstatiere aber: Scheine angekommen zu sein.

DIE HUNDERT SPRACHEN PÄDAGOGIENS

Natürlich hat Pädagogien eine eigene Landessprache. Höchstwahrscheinlich gehört sie einer großen Sprachgruppe an: dem Fach-Chinesisch. Es folgt: Eine kleine Sprachanalyse.

Wiewohl die Sprache der Pädagogier unserer ähnelt, gibt es irritierende Unterschiede. Zu Häusern sagt man dort „Einrichtungen". Zu dem, was wir Einrichtung nennen, sagt man „Materialanreize". Das Zimmer heißt „Spielfläche", „Aktionsbereich" oder „vorbereitete Umgebung". Manche nennen es auch „dritter Erzieher", obwohl kein erster und zweiter Erzieher im Haus zu finden sind, sondern nur Frauen und Kinder.

Manche Pädagogierinnen klagen, dass sie den ganzen Tag ungeheuer viel zu tun haben, weil die Kinder sie so beschäftigen. Dennoch bieten sie täglich nur einmal eine kurze „Beschäftigung" an. Andere Pädagogierinnen nennen diese Beschäftigung „Angebot", obwohl es nicht vorgesehen ist, dass so ein „Angebot" ausgeschlagen wird. Dann wieder machen die Pädagogier ein „Bewegungs-Angebot", obwohl schon kleine Kinder wissen, dass man Bewegung nicht angeboten bekommen muss, sondern sich ganz von selbst bewegen kann.

Wenn Gestalten gestalten wollen...

Alles wollen die Pädagogierinnen und Pädagogier <mark>gestalten.</mark> Auch das, was von selbst passiert. Sie gestalten sogar den Tagesablauf. Als ob die Sonne nicht ohne sie aufgeht, als ob es ohne ihr Zutun nicht von selbst Morgen, dann Mittag und später Nachmittag würde. Eine Tageszeit allerdings gäbe es ohne ihre Gestaltungsarbeit nicht: die Bringe- und Abholzeit.

Was sind meine Lieblingswörter?

...

...

...

Und meine Lieblingssätze?

...

...

...

Was will ich damit sagen?

ALT-PÄDAGOGISCH

Es gibt nicht nur die pädagogische Hochsprache, sondern auch unterschiedliche Dialekte. Unter traditionellen Pädagogierinnen ist vorzugsweise das Alt-Pädagogische verbreitet. Charakteristisch für diese Sprachvarietät ist das Fehlen der direkten Anrede, wodurch nicht nur „du" und „Sie" wegfallen, sondern auch die Möglichkeit der Bildung von Frage- und Befehlssätzen. So lautet etwa der Satz „Herr und Frau Knoop, bringen Sie bitte neue Feuchttücher mit?" im Altpädagogischen „Und die Mutti denkt bitte dran, dass die Annika neue Feuchttücher braucht".

Für die Anrede von Kindern verwendet das Alt-Pädagogische statt des Pronomen immer das ungleich schönere Possessivpronomen erste Person Plural. Der banale Satz: „Kommst du mal her, Annika?" erweitert sich also klangvoll zu „Jetzt kommt die Annika mal hierher." Der Befehl: „Hör auf, an der Klotür rumzuhampeln, Thomas!" hingegen verändert sich zur Feststellung: „Unser Thomas möchte jetzt sofort mit der Hampelei aufhören."

Auch die erste Person ist im Alt-Pädagogischen von diesem Schwund betroffen. Spricht sie von sich, sagt die Pädagogierin nicht „ich", sondern „die Tante" oder „die Brigitte".

Verben werden grundsätzlich durch das Adverb „fein" verstärkt. Aus dem Satz „Gib mir mal den Ball von Thomas zurück" wird dementsprechend: „Jetzt gibt die Annika der Tante Brigitte mal fein den Ball von unserem lieben Thomas zurück."
Auch im Plural kennt das Alt-Pädagogische keine zweite Person. Stattdessen verwendet man den Ausdruck „Aallekindäär". Die Aufforderung „Kommt, gibt Essen, Händewaschen nicht vergessen!" wird damit zu: „Aallekindäär gehään jetzt feiiin zum Häändäwaschään und dann huschhusch zu Tisch."

Welche Sprache spreche ich?

!!!

10

KONZEPT-PÄDAGOGISCH

Das noch viel jüngere Pädagogisch der Konzeptionier verwendet völlig andere Formen.

„Aallekindäär" ist völlig ungebräuchlich, überhaupt wird der Plural gemieden, und statt Eigennamen kennt diese Sprachform nur folgende Begriffe: „Das Kind" und „die Erzieherin", manchmal noch „ein Elternteil". Weil oft schwer zu erkennen ist, welches Kind und welche Erzieherin gerade gemeint sind, wird der Ausdruck „das Kind" oder „die Erzieherin" jedoch gerne mit einer Als-Verlängerung konkretisiert: „Das Kind als Spielpartner" oder „Die Erzieherin als Begleiterin". Wenn von mehreren Kindern gesprochen wird, wird das jeweils erste als „das Kind" bezeichnet, während ein weiteres zur Unterscheidung mit „der Interaktionspartner" bezeichnet wird.

Alle Dinge werden grundsätzlich nie mit deren Namen, sondern immer mit Oberbegriffen benannt. Unser Beispielsatz mit Annika, Thomas und dem Ball heißt somit: „Das Kind als soziales Wesen gibt der Erzieherin das Bewegungsmaterial ihres Interaktionspartners zurück."

Unser Beispielsatz 2 „Kommt, gibt Essen, Händewaschen nicht vergessen" verändert sich bei der Übersetzung ins Konzept-Pädagogische stärker. Eine weitere Grundregel im Konzept-Pädagogischen fordert nämlich, Zeitabläufe immer mit dem Wortanhang „-situation" zu verlängern:
„Bevor das Kind als junger Mensch mit Bedürfnis nach gesunder, abwechslungsreicher Kost von der Erzieherin als Begleiterin zur Essensituation eingeladen wird, wechselt es gemeinsam mit den ko-konstruierenden Interaktionspartner zur Pflegesituation im Bad, wobei das Kind als eigenaktives und selbstbestimmtes Wesen an der Reinigung seiner Hände aktiv partizipieren darf – gegebenenfalls nach Aufforderung und Unterstützung durch die begleitende Pädagogin als aktivierendes, unterstützendes Element. Wasser und Seife liegen als Materialanreiz mit hohem Aufforderungscharakter bereit."
Das Beispiel zeigt auch einen entscheidenden Nachteil: Leider sind im Konzept-Pädagogisch einige Sätze recht lang.

kann ich Konzept-Pädagogisch und Alt-Pädagogisch übersetzen?

WELCHE KINDHEIT DARF ES SEIN?

Diese Angst kennt jeder Pädagogier von den letzten Wiedergeburten: In welchem Leben bin ich diesmal gelandet – finsterstes Slum-Milieu im Schwellenland, endlich glanzvoller Hochadel oder zum x-ten Mal diese öde Mittelschichts-Nummer in Westeuropa? Unser Leben gleicht einer Reise, sagte irgendein Schlaumeier mal irgendwann, und deswegen stimmt das wohl. Dementsprechend kommt es auf die entscheidende Frage an: Habe ich beim richtigen Reiseveranstalter gebucht?

GLANZ DER OBERSCHICHT – EINE LUXUSREISE ZU DEN TOP-POSITIONEN UNSERER GESELLSCHAFT!

Starten Sie Ihre Lebensreise in der Privatklinik von Prof. Eusebius nach einer persönlichen Entbindung durch unseren Chefarzt, der Sie mit goldener Nabelschnurschere und einem Glas frischer Nobelmuttermilch willkommen heißt.
Erfahren Sie ungestörte Ruhe in unserem Kindergarten „Elite Kids", in dem Ihnen in einem ansprechenden, frei wählbaren Animationsprogramm viele Möglichkeiten der individuellen Fortentwicklung angeboten werden.
Nutzen Sie als Spielfläche eine der größten Englischer-Rasen-Flächen in ganz Pädagogien, die exklusiv für Sie und unseren Rasenmähroboter bereitsteht!

Lassen Sie sich rund um die Uhr von unserem Nanny-Team verwöhnen, das Ihnen jeden Wunsch von den Augen abliest, und freuen Sie sich auf die kurzen Auftritte unseres für Sie eingeflogenen Elternpaares „Wolfeckart und Sigrid".
Genießen Sie es, während Ihrer Kindergarten- und Schulzeit von Kontakten mit der einheimischen Bevölkerung weitgehend verschont zu bleiben.

Verbessern Sie Ihr Golf-Handicap, und erleben Sie zum Abschluss unserer Kindheitsreise eine Dia-Show über die großen Eliteschulen Harvard, Eton und Salem!

Top-Kundenrezensionen

**** Eine herrliche, angenehm widerwertige Kindheit! Unbedingt empfehlenswert, aber nicht für jedermann. Gut gefiel mir auch der hohe Preis, der unpassende Kunden abschreckt.

** Von wegen „frei wählbares Animationsprogramm"! Der Reiseleiter, ein gewisser Herr Vati, bot frecherweise an, bei Nichtteilnahme an diesem öden Geigenkurs umzubuchen – auf die Tour „Problemkind im Internat". Nie wieder!

ZAUBER DES MORGENLANDES –
AUF EXPEDITION IM TAL DER AUSGESCHLOSSENEN

In der Fremde und doch daheim – unter diesem Motto steht die faszinierende Reise.

Lassen Sie sich hineingebären in eine authentische Parallelgesellschaft, in der Sie im Herzen einer Altstadt untergebracht sind und doch vom wirtschaftlichen Trubel Ihres Gastlandes und unangenehmer gesellschaftlicher Teilhabe verschont bleiben.

Erleben Sie den Charme historischer Schulbauten, die trotz Zerfalls immer noch eindrucksvolle Zeugen der Vergangenheit sind.

Wandern Sie auf bequemen Bildungswegen, weitgehend frei von anstrengenden Aufstiegsmöglichkeiten.

Erleben Sie Einheimische, die Sie wirklich als Gast behandeln, weil sie Sie als Mitbürger nie akzeptieren würden.

Und wahren Sie als Nutzer unserer Gästekarte, der „befristeten Aufenthaltsgenehmigung", die Chance auf kostenlose Überraschungs-Rückführung, die Ihr Reiseveranstalter unter allen Mitreisenden verlost.

Top-Kundenrezensionen

**** Angenehm chillige Atmosphäre. Man ist mittendrin und doch unter sich – toll! Habe aus Begeisterung die Reise für die nächsten 45 Jahre gebucht: „Auf ausgetretenen Pfaden im Niedriglohnsektor".

**STOLZ DES BÜRGERTUMS –
AUF SUV-TOUR DURCH'S ROMANTISCHE BULLERBÜ**

Genießen Sie die schönsten Lebensjahre in einer sympathischen, authentischen Mittelschichtsfamilie mit qualitätsgeprüften Verhaltensweisen!
Erfahren Sie die Annehmlichkeiten einer Rundum-Betreuung: Ihre für Sie persönlich reservierte, stets einsatzbereite „Mama" verwöhnt Sie mit biologisch hochwertigen Speisen. Und Ihr sympathisch-knuffiger „Papa" übernimmt alle Transporte im gehobenen Mittelklassewagen, sorgt für die finanzielle Absicherung Ihrer Tour und erstellt als besonderes Plus eine liebevoll betitelte Langzeit-Dokumentation aller Höhepunkte vom ersten Schaukelbesuch bis zur urigen Abi-Feier!
Für das sechste bis 18. Reisejahr haben wir keine Mühen gescheut, Ihnen je einen Platz in ausgesuchten Bildungseinrichtungen mit passenden Reisegenossen bereitzustellen. Nachmittags können auf Wunsch Geigen-, Querflöten-, Fußball- oder Mandarin-Kurse sowie kurze Kontakte zu passenden Altersgenossen hinzugebucht werden.

Kundenrezensionen

** Größtes Plus: Das Reiseleiterpärchen „Mama & Papa" war während der ersten 12 Jahre ständig präsent und darauf aus, jeden Wunsch von meinen Augen abzulesen. Größtes Minus: Das Reiseleiterpärchen war auch die nächsten 6 Jahre ständig präsent.

** Technik miserabel: Der in unserer Unterkunft angebrachte Fernseher hatte nur zwei Programme – Eins festival und BR Alpha. Und die angepriesene DVD-Bibliothek enthielt nur 3 angestaubte Filme: Saltkrokan, Langstrumpf 1, Bullerbü. Schade!

CHARME DER EINFACHHEIT –
GENIESSERTAGE AM BODEN DER GESELLSCHAFT

Majestätische Plattenbauten umrahmen ein vom Wohlstand unberührtes Seitental des Kapitalismus. Hier fühlen Sie sich von Geburt an gut aufgehoben – in Ihrer urwüchsigen HARTZ-VIER-Familie, bestehend aus einer der imposantesten Mütter Pädagogiens und dem sagenumwobenen „Manneken Drink" als Vater, der jederzeit für ein Bierchen zu haben ist. Beide sorgen in der zweckmäßig eingerichteten, angenehm schattigen Wohnstube für Ihr Wohl, sporadisch unterstützt von unserem vielbeschäftigten Jugendamt.

Über Ihre Freizeitgestaltung entscheiden Sie selbst. Vom intensiven Fernsehgenuss über tagelanges Computerspielen, die sinnliche Eistee-Stunde bis zum kurzen „Gang vor die Tür" ist (fast) alles möglich.

Als besonderes Highlight werden Sie regelmäßig von speziell ausgebildeten „Lehrern" zu Problemgesprächen mit und ohne Betreuerteam eingeladen, in denen es sich herrlich gemeinsam um Ihre Zukunft sorgen lässt.

Den krönenden Abschluss der Fahrt bietet die spannende Schatzsuche nach einem sogenannten „Ausbildungsplatz", nach deren Abbruch sich das Team des Jobcenters rührend um Sie kümmert. Ein prägendes Erlebnis!

Kundenrezensionen

* *„Die als kinderleicht angepriesene Tour zu diesem Abitur-Gipfel war der Mega-Flop! Weil unserer Gruppe aus unklaren Gründen die Aufstiegsmöglichkeit verwehrt wurde, haben überhaupt nur zwei Leute den Gipfel erreicht – mit jahrelangen Umwegen!"*

**** *„Lief wie erwartet! Habe die Reise für meine Kinder gleich noch mal gebucht – und für die Enkel auch. Oder gab es irgendeine Alternative für mich?"*

klingt echt entspannt!

LISTE VERKEHRT ZU MACHENDER DINGE

Jeder Fehler ist eine Lernchance – davon ist der Pädagogier zutiefst überzeugt. Ein Fehler wäre wiederum, diese Lernchance zu vergeuden, indem man nicht klar darauf verweist, was genau falsch gemacht wurde. Und so hat der Pädagogier oder die Pädagogierin neben allem Lob für das, was das Kind schon richtig toll macht, ein paar klitzekleine Anmerkungen, was es noch besser machen respektive mal unterlassen könnte. Hier kommt die wohl niemals vollständige Liste aller verkehrt zu machender Dinge.

Schon wieder an die Brust wollen. Die vierte Nacht in Folge durchschreien. Den Schrank ausräumen und dabei Papas wertvolle Platten-Sammlung demolieren. Alles am Lätzchen abschmieren. Alles in den Mund nehmen. Die Rutschbahn hochkriechen wollen. Zum zehnten Mal schaukeln wollen, auch wenn andere Kinder warten. Mit Sand werfen. Den Sandkuchen von Jonas einfach kaputt machen. Brokkoli nicht mal probieren mögen. Nur Krickelkrackel malen. Nicht „Ei" machen wollen. Zetern, wenn es ans Schlafen geht.
Trödeln, obwohl alle warten. Drängeln, weil du nicht warten willst. Einfach abwarten, statt dich zu beeilen. Die Mütze nicht aufsetzen wollen. Der Oma kein Küsschen geben wollen. Nicht Entschuldigung sagen wollen. Nicht Bescheid sagen, dass du dringend musst. Eine Spielzeugpistole in den Kindergarten schmuggeln oder aus Duplo bauen und damit anderen Kindern Angst machen. Solche schlimmen Wörter sagen – egal, woher du sie hast. Schon wieder ein blödes Überraschungsei verlangen. Es einfach nicht einsehen, dass du nicht immer recht hast. Sogar noch frech werden und die Zunge rausstrecken. „Börks" sagen, wenn es gekochte Möhren gibt. Nicht den Fernseher ausmachen wollen. Den toten Vogel anfassen wollen. Über Kaka-Witze lachen. Alles Spielzeug aus dem Schrank räumen und nicht wieder einräumen wollen. Rechts und links immer noch nicht unterscheiden können. Immer noch nicht die Schuhe zubinden können und stattdessen lieber Klettverschlussschuhe tragen. Dir nicht selbst den Popo abwischen, vermutlich aus Bequemlichkeit. Immer reinquatschen, wenn die Großen sich unterhalten. Sich was mit Filzer auf den Arm schreiben. Zwei verschiedene Socken anziehen wollen. Das Licht nicht ausmachen, wenn es längst Schlafenszeit ist. Ohne Helm mit dem Rad fahren. Wieder mit diesem Haustierwunsch anfangen. Wieder das schmutzige T-Shirt anziehen wollen. Auf Socken durchs Nasse laufen. Den Turnbeutel vergessen. Den Zettel aus der Postmappe nicht der Mutti geben. Die Postmappe unter der Schulbank vergessen oder in der Umkleide verbummeln. Die Federmappe nicht in Ordnung halten. Einen Tintenkiller besitzen und heimlich Fehler damit wegkillern. In der Hofpause oben bleiben wollen. Die beste Freundin nicht zum Geburtstag einladen wollen. Den Freund hauen. Die Schwester doof finden. Deine Mutti soo erschrecken. Dich dumm stellen, obwohl du genau weißt, was du verkehrt gemacht hast. Die Brotbüchse heimlich auf dem Nachhauseweg ausleeren. Bummeln. Kippeln. Kokeln. Popeln. Verschusseln. Versemmeln.

Hampeln. Trampeln. Kabbeln. Babbeln. Knibbeln. Knaupeln. Daddeln. Quengeln. Schummeln. Fummeln. Mümmeln. Lümmeln. Zetern, wenn es Aufstehzeit ist. Die Finger nicht vom Computer lassen. Diese furchtbare Sendung sehen. Auf diese grässlichen Seiten gehen. Diese entsetzliche Musik hören. Einfach nicht zu Gitarre gehen, obwohl das richtig Geld kostet. Nix sagen, wenn man höflich nachfragt, wie es in der Schule vorangeht. Überhaupt ziemlich ignorant und arrogant rüberkommen in letzter Zeit. Dauernd mit den falschen Leuten rumhängen. So laut Musik hören, dass es alle nervt. So laut mit Kopfhörern Musik hören, dass es nicht gut für die Ohren ist. Das neue, sauteure Smartphone schon wieder verlieren. So einen offensichtlichen Quatsch mitmachen, statt zu sagen: „Da mach ich nicht mit." In der Pause heimlich rüber ins Stadtcafé gehen. Bei Sozialkunde unentschuldigt fehlen. Einfach ein leeres Blatt abgeben beim Chemietest. So blöd sein und sich bei so was auch noch erwischen lassen. Diesen Typen auch noch anhimmeln. Dich einfach nicht entscheiden können, was du machen willst. In dem Fummel aus dem Haus gehen wollen. Dich nicht vor dir selber schämen. Nicht Bescheid sagen, dass du über Nacht bleibst. Zu Hause Party feiern und dabei Papas wertvolle Platten-Sammlung demolieren. Die Eltern nicht zur Abi-Feier einladen. Die vielen guten Ratschläge in den Wind schießen. Fertig. Oder fehlt was? Bitte nachtragen!

_____

_____

_____

_____

_____

Wars das?

2. Reisetag:

Von bewährten und verwehrten Werten

Werde von den freundlichen Bewohnern Pädagogiens aufgenommen und genieße deren Gastfreundschaft. Beim feierlichen Mittagsmahl lerne ich jedoch auch die düsteren, quasi unzivilisierten Seiten dieses Volkes kennen: Als ich den Verzehr eines „Probierhäppchens" – sieht nach stundenlang warmgehaltenem Bratling aus – verweigere, trifft mich der Zorn mehrerer Pädagogierinnen. In einer dunklen, miefigen Kammer kauernd, muss ich „über meinen Fehler" nachdenken.

Dämmere kurz weg und träume von freundlichen Elefanten, die Namen wie „Benjamin Blümchen" tragen. Erwache jäh und stelle fest, dass der Traum möglicherweise das Ergebnis einer Gehirnwäsche ist, die eine uralte Form von Musikstreaming mir verpasste: eine Kassette in einem bunten Plastikkasten, die sich rechtsherum abdrehte. Bizarrer Hokuspokus! Habe Angst…

TRADITIONSPFLEGE IN PÄDAGOGIEN

Wie schnell sich die Welt in unserem Pädagogien verändert! Gerade die Älteren kommen aus dem Staunen und Erinnern kaum noch heraus: „Wisst ihr noch, wie wir aus dem Tantendasein erlöst und zur pädagogischen Fachkraft geadelt wurden?", memoriert die eine, und die nächste ergänzt: „Als unser gerade eröffnetes Bildungshaus zum Familienzentrum wurde, das dann wiederum zum Haus-der-kleinen-Forscher umgenannt wurde, bevor es komplett durchdigitalisiert und zuvor noch zum Inklusionsort ernannt wurde?"

Gut, dass es daneben noch ein anderes Pädagogien gibt – voll uralter Traditionen, die über Jahrzehnte, wenn nicht gar Jahrhunderte von Generation zu Generation weitergegeben, liebevoll gepflegt und immer wieder aufgefrischt werden. Vor allem mit glänzenden Begründungen, warum das, was einmal richtig war, trotz neuer Erkenntnisse nicht einfach so über den Haufen geworfen kann.

DAS KOSTEHÄPPCHEN, ETWA 2018 N. CHR.

Das Kostehäppchen geht auf die in Pädagogien tief verwurzelte Vorstellung zurück, man könne Kinder die von ihnen abgelehnten Speisen schmackhaft machen, indem man sie täglich zwingt, eine etwa teelöffelgroße Menge in den Mund zu nehmen und hinunterzuschlucken. Über den Erfolg dieser Methode liegen keine Erkenntnisse vor.

DAS MUTTERTAGSGESCHENK, ETWA 2014 N. CHR.

In der Kultur der Pädagogier haben Muttertagsgeschenke einen hohen Stellenwert, denn sie drücken nicht nur die Dankbarkeit des Kindes aus, sondern belegen auch den Erfolg der Bildungsarbeit in der Einrichtung. Wichtig ist, dass die Geschenke stets von den Erzieherinnen selbst hergestellt werden, weil die Frauen einfach sauberer schneiden, aber im Beisein des Kindes verpackt werden.

DIE SCHLAFWACHE, ETWA 2012 N. CHR.

Im Ritual der Schlafwache zeigt sich eine Urangst der Pädagogierinnen. Sie glauben, Kleinkinder wären während der Mittagsschlafzeit besonders gefährdet und bedürften deshalb aufmerksamer Bewachung. Folgende Gefahren soll das Ritual bannen: Diebstahl des schlafenden Kindes durch Elfen. Oder: Aufwachen und Herumtoben eines schlafunwilligen Kindes.

„HÄNDE VON HINTEN", ETWA 2011 N. CHR.

Die „Hände von hinten"-Methode wird in Pädagogien seit Urzeiten praktiziert. Sie beruht auf der Überzeugung, dass man durch Packen von hinten und anschließendes energisches Führen der kindlichen Hand wichtige Bewegungsabläufe vermitteln kann, zum Beispiel richtiges Löffel-Führen, An-der-Linie-Schneiden oder Händchen-Geben.

DAS AUSMALBILD, GENAU 2017 N. CHR.

„Kinder brauchen klar erkennbare Grenzen, um zwischen richtig und falsch unterscheiden zu können", wissen die Pädagogier seit Urzeiten. „Sie müssen merken, wann schwarze Linien überschritten werden. Sie müssen erfahren, dass es Bereiche gibt, die sie voll und ganz in Besitz nehmen dürfen, und andere, in denen sie nichts zu suchen haben." Was, so wissen es Pädagogier seit Menschengedenken, könnte diesen Gedanken nicht besser erfahrbar machen als das Ausmalen eines Ausmalbogens?

PÄDAGOGISCHE MÄRCHEN

Ach, was wäre die Heimat ohne Fabeln und Sagen, weitergereicht von Generation zu Generation. Hier folgen die schönsten Märchen aus dem alten und ewig jungen Pädagogien.

DIE ZWEI UNGLEICHEN SCHULEN

Es waren einmal zwei Schulen, in denen die ihnen anvertrauten Schüler fleißig unterrichtet wurden. Von der ersten Schule sprachen die Eltern des Landes mit der größten Hochachtung. Nur die besten Schüler besuchten sie und brachten die allerhöchsten Noten heim. Das machte die Lehrer glücklich und spornte sie an, mit nimmermüdem Eifer ständig neue Projekte zu erdenken. Weil diese Schule so viel Beachtung erhielt, ward sie bald im ganzen Lande bekannt, und die berühmtesten Pädagogik-Dokumentarfilmer priesen sie in vielen Werken.

Die andere Schule war ein klappriges altes Haus im staubigen Viertel am Rande der Stadt. Dennoch wurde sie von vielerlei Schülern besucht. Aber das waren keine schlauen Prinzen und hochbegabten Prinzessinnen, sondern Kinder einfacher Tagelöhner und Wanderarbeiter, die oft nicht einmal die Sprache des Landes beherrschten. Immerfort stöhnten die Lehrer, wie anstrengend doch das Unterrichten an dieser Schule sei, und ihre Gesichter wurden von Tag zu Tag länger und müder.

Einmal ritt der König des Landes aus und geriet dabei unversehens in die unglückliche Schule. Er ließ sich durch die schmutzigen Flure führen, begegnete missmutigen Schülern und hörte sich das bittere Wehklagen der Lehrer an. Tief bestürzt und voller Mitleid sprach er sodann: „Ich werde meine Minister zusammenrufen und sie so lange darüber disputieren lassen, wie euch geholfen werden kann, bis sie nicht mehr sprechen können."

Die Gesichter der Lehrer hellten sich auf, sie dankten dem König und ==küssten seine Füße.== Da sagte der König: „Nun muss ich fort, denn heute will ich meinen jüngsten Prinzen in der Schule anmelden. Natürlich in der anderen Schule, denn da passt er besser hin." Sprach's und sprengte auf seinem Ross davon. Wenn er sich nicht zufällig noch einmal verirrt, wird er wohl bis in alle Ewigkeit nicht mehr vorbeikommen.

Lüh...

DIE STEINERNE HORTNERIN

Kennt ihr den grauen Felsen, der sich hoch im Walde über der Straße nach Oberniederdorf in den Himmel reckt? Vor langer Zeit soll hier einmal ein gewaltiger Hort gestanden haben, in dem viele brave Weiber und ein einziges Männlein namens Herr Neumann auf all die kleinen Kinder aufpassten. In diesem Horte schaffte auch ein kräftiges Weib, die Frau Kappler, und folgte dem Wahlspruch: „Ick hab se noch alle rumjekricht!"

Nun gab es aber im Hort ein Kind, das die Unbeirrte Undine genannt wurde. Das Mädchen sagte statt Ja und Amen immer nur Nö und Glaubichnicht.

Eines Tages rief Frau Kappler die Kinder zum Späthort-Aufstellen, aber die Unbeirrte Undine spielte weiter Gummihopse.

„Kommste jetzt oder brauchste ne Extraeinladung?" fragte Frau Kappler, aber die Unbeirrte Undine sagte: „Nö."

„Pass ma uff, Frollein", erboste sich die Hortnerin da, „ick kann warten, und wenn ick hier Wurzeln schlage!" „Glaubichnicht!" erwiderte die Unbeirrte Undine. Das erzürnte Frau Kappler so sehr, dass sie auf der Stelle zum Fels erstarrte, an der sie heute immer noch steht. „Selbst Schuld", sagte die Unbeirrte Undine, hopste noch ein bisschen und vergaß die ganze Geschichte alsbald.

???

DER VERWUNSCHENE JUGENDKLUB

In der Stadt Sülzerode soll es einen Jugendklub geben haben, den schon lange keine Menschenseele mehr betreten hat. Eine Fee hatte ihn am letzten Tag der DDR in einen tiefen Schlaf versenkt, aus dem der Jugendklub bis heute nicht erwacht ist.

Nur alle zwei, drei Jahre geschieht es, dass ein neugieriges Kind die dunkle Klubtür öffnet und die staubigen Räume betritt. Dort drinnen, erzählen die Leute, sitzt in einem winzigen Stübchen eine alte, runzlige Klubleiterin. Die ahnungslose Jessica soll sich von ihr haben beschwatzen lassen, eine Partie „Mensch-ärgere-dich-nicht" mit ihr zu spielen. Nun ist das Mädchen verdammt, so lange abgenagte Spielfiguren herumzuschieben, bis ein anderes Menschenkind den verwunschenen Jugendklub betritt und Jessica ablöst.

DAS MÄRCHEN VOM REICHEN BAUMEISTER
UND DEN WALDKINDERN

Im düsteren Hotzenwald gab es einmal einen Kindergarten, der war so ärmlich und schäbig, dass der Wind ins Haus pfiff und die Wände wackelten. Eines Tages aber erschien eine goldene Kutsche vor dem Kindergarten, der ein Herr entstieg, sich als Baumeister vorstellte und sprach: „Kinder, euer ärmliches Häuschen dauert mich sehr. Ich will euch ein neues bauen. Ihr habt drei Wünsche frei."

Die Kinder jubelten, und der Herr verkündete schnell: „Als ersten Wunsch werde ich euch bodentiefe Fenster in jeden Raum einbauen. Als zweiten Wunsch bekommt ihr eine riesige Zentraltreppenanlage mit Lichtkuppel. Und als dritten Wunsch lasse ich euch ein Außengelände mit Südsee-Motiv-Spielgeräten ausstatten, von den teuersten Designern meines Landes entworfen." Sogleich befahl der Herr den Abriss des Häusleins und den Bau eines imposanten Gebäudes, auf dass alle Welt darüber staunen werde.

„Seid ihr bald fertig, guter Baumeister?" fragten die Kinder einige Zeit später, aber der Baumeister brummte: „Stört mich nicht! Ihr habt noch einen vierten und fünften Wunsch erfüllt bekommen, nämlich einen lärchenholzvertäfelten Snoezelen-Raum und vollautomatisch verschiebbare Bettenschränke."

„Ach so, na dann…", sagten die Kinder, krabbelten durch die Baustellenabsperrung in den grünen Tann und erfanden flugs den ersten Waldkindergarten. Wenn sie nicht gestorben sind, dann leben sie dort noch immer glücklich und zufrieden.

Gut, dass es nur ein Märchen ist!

DIE VERZAUBERTE TANTE

In der guten alten Zeit, als das Erziehen noch geholfen hat, lebte einst eine Pädagogin, von jedermann Tante Kerstin genannt. Die Kolleginnen achteten sie, die Kinder liebten sie, und alle Eltern verehrten sie.

Eines Tages aber geriet Tante Kerstins Reich unter den Einfluss eines bösen Zauberers, der die artigen Kinder in psychisch auffällige Nervensägen mit ADHS, Migrationshintergrund oder Wohlstandsverwahrlosung verwandelte, die Kolleginnen samt und sonders in falsche Nattern, den bewährten Beschäftigungsplan in ein unerfüllbares Bildungsprogramm, die Eltern aber in aufgeblasene, unzufriedene Gestalten voller Missgunst. Andere Leute sagen, es sei anders gewesen: Der Zauberer habe lediglich die gute Tante Kerstin in eine grantige Kröte verwandelt. Aber pssst! Sprich das bloß nicht aus, sonst kommt sie herbeigehüpft und quakt dir die Ohren ab.

Gibts auch ungrantige kröten?

DAS MÄRCHEN VOM REICHEN LAND OHNE ERZIEHER

Es war einmal ein Königreich, das hatte alles, was man sich nur wünschen kann: Güldene Kutschen, wohlgenährte Menschen und breit grinsende Kinder in Stuben voller Unterhaltungselektronik. Alles besaßen die Menschen in diesem Königreich – nur nicht genug Erzieherinnen und Erzieher, die auf ihre Kinder aufpassen.

Den König betrübte das. Er rief die klügsten Professoren, die teuersten Berater zusammen und befahl ihnen, pädagogische Fachkräfte herbeizuschaffen.

Man müsse, sagte der erste Berater, die Bürstenverkäuferinnen auf dem Markt ansprechen und umschulen. Eine Image-Kampagne für viele tausend Taler sei der einzige Weg, wusste der zweite, ein eindrucksvoll bebrillter Berater. Umherirrende Rentnerinnen anlocken und zum Arbeiten in den Kindergarten schicken, schlug ein Professor vor, ein sinisteres Männchen mit Rauschebart.

Das hörte eine Zofe, die die Kinder der hohen Herren betreute, und sagte: „Ich hätte einen Rat, mein König. Gebt den Menschen, die Kinder erziehen, ==einfach== die anderthalb- bis zweifache Menge Taler." Hah!

Da schlug sich der König lachend auf die Schenkel und sprach: „Danke, dass ihr mich so erheitert habt, gute Zofe. Doch nun geht wieder zu den Kindern, ich habe Wichtiges zu bereden."

Und die hohen Herren beratschlagten weiter – wohl bis zum jüngsten Tag.

DER DEMOKRATISCHE KINDERGARTEN

Pädagogien ist einer der demokratischsten Staaten der Welt. Denn Pädagogien ist ein Land, in dem Demokratie nicht nur praktiziert wird, sondern beim Praktizieren gleichzeitig gelernt wird.

Das Gute: Wenn es in Pädagogien mal nicht demokratisch zugeht, erhöht das automatisch die Lernchancen. In diesem Sinne wäre – rein theoretisch – eine charmante, kindgerechte, fröhliche Diktatur die beste Lernform für Demokratie. Spaß beiseite! Leser wir lieber die folgende Verfassung, erdacht von wohlmeinenden Pädagogiern und Pädagogierinnen.

Bei uns können die Kinder jede Menge selbst entscheiden, seht selbst:

Bei uns können die Kinder entscheiden, ob sie Messer und Gabel benutzen – oder ob sie, wie die Babys, den Löffel nehmen, was allerdings gar nicht schön aussieht, Luca! Bei uns können sie entscheiden, in welche Hand sie Gabel oder Messer nehmen, wobei es gut ist, wenigstens mal zu probieren, wie rum es richtig ist.

Bei uns können Kinder entscheiden, neben wem sie im Morgenkreis sitzen. Sie entscheiden das, indem sie sich so zueinander verhalten, dass es auch beim nächsten Mal möglich ist, die beiden nebeneinander zu setzen.

Bei uns können die Kinder über die Gestaltung des Gartens entscheiden: Beim großen Partizipations-Projekt „Wir bauen eine Traum-Hütte" entwarfen sie sogar die Baupläne, die dann allerdings eher sinngemäß umgesetzt wurden, weil die Kinder keine Ahnung von TÜV und praktischen Baumarkt-Fertigbauhütten hatten. Aber die Geste zählt! Aber sie konnten sich zum Mitbauen entscheiden, das dann allerdings mehr eine Sache der Vatis war, weil die sich nun mal geschickter anstellen. Und außerdem: die Verletzungsgefahr! Zusammengefasst konnten die Kinder bei unserem Partizipationsprojekt „Wir bauen eine Traum-Hütte" entscheiden, ob sie den Vatis beim Bauen zuschauen – unter Beachtung des Sicherheitsabstands – oder lieber drinnen spielen, was besser war, denn es war recht kühl an diesem Tag.

Bei uns können die Kinder entscheiden, was sie anziehen, wenn sie rausgehen. Vorausgesetzt, es ist weder zu warm noch zu kalt, weder windig noch zugig, weder Winter noch Sommer noch Herbst oder Frühling, und es hat niemand einen Schnupfen.

Bei uns können die Kinder über die Gestaltung der Wände entscheiden, nämlich: Wollt ihr lieber schöne, saubere Wände oder solche mit Fingerabdruck-Flecken, die uns allen nicht gefallen? Auch über die Gestaltung der Räume können die Kinder entscheiden: Ob sie zum Beispiel ordentlich sind wie gleich nach dem Aufräumen oder ob sie etwa so bleiben sollen wie hier, wo alles im Bauraum rumliegt. Also: Hopp!

Bei uns können die Kinder entscheiden, was sie von den Komponenten der Mahlzeiten essen und was nicht … sofort, sondern erst nach längerer Diskussion über „Wenigstens mal probieren" und „Mir schmeckt es aber seeeehr lecker, probier doch bitte".

Bei uns können die Kinder entscheiden, ob sie schlafen oder lieber nicht, ob sie also stattdessen einfach nur daliegen möchten, auf den Matten im Ruheraum, aus Rücksichtnahme auf die anderen natürlich leise, möglichst mit geschlossenen Augen, schon weil es im abgedunkelten Raum ohnehin nichts zu sehen gibt, und bitte ohne diese Zappelei! Bei uns können sie entscheiden, ob sie schlafen oder einfach nur perfekt so tun als ob sie schliefen.

Bei uns kann jedes Kind entscheiden, wann es trocken und sauber wird. Unsere Aufgabe – und die der Eltern – ist es lediglich, darauf zu achten, ob Anzeichen erkennbar sind, dass das Kind diesen Prozess aus eigener Entscheidung beginnen möchte. Wir unterstützen das Kind lediglich, indem wir es nun an den selbst zu entscheidenden Toilettengang erinnern. Wenn es sein muss, im 5-Minuten-Abstand!

Bei uns können die Kinder entscheiden, wie sie ihre Sexualität entdecken. Aber bitte nicht vor den Kleinen, den Eltern und den Großen. Und bitte nicht mitten im Raum. Und schon gar nicht in der dunklen Ecke der Hochebene, wo man nicht weiß, was da abgeht und ob die Eltern nachher unangenehme Fragen stellen. Und bitte, bitte, bitte nicht heimlich!

Bei uns können die Kinder entscheiden, an welchem Angebot sie täglich teilnehmen. Um ihre Entscheidungsfähigkeit zu unterstützen, gibt es pro Tag nur ein Angebot – und wer nicht mitmachen möchte, der spielt bitte in der Garderobe. Aber leise.

Bei uns können die Kinder entscheiden, mit wem sie spielen möchten. Aber es ist lehrreich, mal mit jemandem spielen zu

müssen, mit dem man nicht gern zusammen ist.

Bei uns können die Kinder entscheiden, ob sie täglich rausgehen mögen. Oder ob sie es nicht mögen und einfach nur machen, weil ihre Eltern darauf bestehen, dass die Kinder jeden Tag bitteschön rausgehen möchten.

Bei uns können sich die Kinder ihre Lieblingserzieherin aussuchen. Schön ist es natürlich, wenn das zufällig die Gruppenerzieherin ist, mit der die Kinder den ganzen Tag verbringen.

Bei uns können die Kinder entscheiden, indem sie an der Kinderkonferenz teilnehmen und ihre Meinung sagen. Apropos Meinung: In der Konferenz möchte ich dann aber auch mal darlegen, wie ich die Sache sehe! Vielleicht entscheiden sich die Kinder ja, meine Meinung zu teilen.

Bei uns entscheidet das Kind, welches Projekt wir als nächstes machen und welche Fragen wir dazu haben. Das Kind ist der kluge Uli oder der fixe Jaromir, der für die leiseren, langsameren, jüngeren Kinder mitentscheidet, das „Star Wars" unser Thema ist.

Bei uns können Kinder entscheiden, welche Fragen wir zum Ausgangspunkt der Projekt-Planung machen. Es kommt nur darauf an, aus den vielen Fragen, die die Kinder tagtäglich stellen, die richtigen aufzugreifen, nämlich die Fragen, die zu dem schon längst durchgeplanten Projekt passen.

Bei uns können die Kinder entscheiden, ob sie mitentscheiden möchten, indem sie sich für Entscheidungen entscheiden, die zu bereits entschiedenen Entscheidungen von uns Entscheidern passen.

Sag ich doch!

PÄDAGOGISCHE SPRUCHWEISHEITEN

Da kann sich Frau Professor Doktor von der Uni noch so ins Zeug legen mit ihrem Text über dissozialisationsimmanentes spätresilientes ko-dokumentatives Gelingens-bedingens – mit einfachen, erprobten, schon von Omi aus der Kittelschürzentasche gezogenen Spruchweisheiten argumentiert es sich einfach besser, knackiger, widerspruchsfreier. Das ist in Pädagogien so wie anderswo.

Und viele der Sprichwörter des Landes ähneln sogar ein wenig den uns bekannten. Auswendig lernen heißt siegen lernen!

ALLGEMEINES GELEITWORT

Allen Eltern recht getan,
dies streb' als Pädagoge an.

FÜR DEN JUNGEN PRAKTIKANTEN

Rede nie gut über einen Lehrer,
ehe du nicht einmal versehentlich
aus seiner privaten Motiv-Kaffeetasse
getrunken hast.

ALS (UNVERBINDLICHE) REFLEXIONSHILFE

Was du nicht wollt'st,
das man dir tat,
das machst du mit den Kindern
grad.

FÜR DIE SCHLUSSRUNDE BEI DER WEITERBILDUNG

Erst wenn der letzte Seminarraumsessel
platt gesessen,
die letzte Moderationskarte angepinnt,
die letzte Powerpointpräsentation
abgestürzt ist,
werdet ihr feststellen,
dass man lebendige Pädagogik nicht
theoretisch vermitteln kann.

FÜR LATEINER, BILDUNGSPOLITIKER UND ANDERE LEUTE MIT HOHEN ANSPRÜCHEN

Non scolae
sed platiiria germaniae in
rancingium pisaum proximum
discimus.

Zu Deutsch:
Nicht für die Schule,
sondern für eine bessere Platzierung
Deutschlands
im kommenden PISA-Ranking
lernen wir.

ZUR ERZEUGUNG TIEFER NACHDENKLICHKEIT

Wenn du ein Kind erziehen willst,
dann trommle nicht Frauen* zusammen,
um Kitas zu eröffnen, Angebote zu planen
und die Arbeit einzuteilen,
sondern lehre die Frauen*
die Sehnsucht nach der Umsetzung
des weiten, endlosen Bildungs- und
Erziehungsplans.**

* und den einen Mann
** Dank an Antoine de Saint Exupéry

FÜR ALL DIE MÜDEN MOMENTE IM PÄDAGOGISCHEN ALLTAG

Beobachtung* ist eine Zier,
doch schneller plant man
ohne ihr.

* Nach: Leuwener Engagiertheitsskala,
Laewen/Andres et al.

Arbeiten nach Bildungsplan,
ist eine Kunst, die niemand kann.

Ist der Ruf erst ruiniert,
arbeitet sich's auch undokumentiert.

AFFIRMATIONEN

Alle Kinder liegen still,
weil ich jetzt pausieren will.

Man muss nichts –
außer sterben, täglich rausgehen,
Kostehäppchen probieren,
mittags wenigstens ruhen
und es einfach mal 2 Minuten lang
aushalten, sitzenzubleiben,
auch wenn man mal muss.

Bildunghaus, Projektarbeiten,
jeder Anspruch welkt beizeiten.
Aber einer welket nicht,
und der heißet: Aufsichtspflicht.

FÜR DÜSTERE MOMENTE

Pädagogen vor der Frühverrentung
sind keine Fässer, die geleert wurden,
sondern Feuer, die erloschen sind.

Wenn du denkst, es geht nicht mehr,
kommt ein Lichtlein zu dir her,
welches leise flüsternd höhnt:
Immer noch nicht dran gewöhnt?

FÜR FINGERSPIEL-FREUNDE

Zwanzig kleine Zappelkinder zappeln hin und her.
Zappelkinds Erzieherin nervt das immer sehr.
Zwanzig kleine Zappelkinder spielen gern Versteck,
Zappelkinds Erzieherin wär am liebsten weg.
Zwanzig kleine Zappelkinder zappeln auf und nieder.
Zappelkinds Erzieherin stöhnt: Bitte nicht schon wieder!
Zwanzig kleine Zappelkinder haben großen Streit.
Zappelkinds Erzieherin warnt: Bis einer schreit.
Zwanzig kleine Zappelkinder zappeln ohne Ende.
Zappelkinds Erzieherin wär gern schon in Rente.

FÜR KINDERREIM-KENNER

Dort auf dem Elternabend,
da ist der Teufel los.
Da streiten sich fünf Mütter
um die Portfolios.
Der ersten fehlt's an Fotos,
der zweiten an Niveau.
Die dritte findet, die Kinder
schau'n nicht wirklich froh.
Die vierte beklagt die Kosten
fürs Dokumentiermaterial.
Und Vanessa Schulz ihre Mutti
is der janze Quatsch piepejal.

ALS MERKHILFE BEI DER ELTERNARBEIT

Ghetto-Eltern sind gefährlich,
doch in der Erziehung ehrlich.

Edel-Eltern: Froschnatur!
Von Erziehung keine Spur!

Junge Väter – Himmelssterne,
helfen und poussieren gerne.

FÜR DAS ZEITGEMÄSSE POESIEALBUM DES KITAKINDES

Wenn du einst in vielen Jahren
dieses Büchlein nimmst hervor,
denk daran, wie froh wir waren,
damals als Ko-Konstruktor.

ZUR BEFÖRDERUNG DES EINZIGEN MÄNNLICHEN KOLLEGEN

Steigt ein Büblein auf im Team,
steigt so hoch – du neidest's ihm!
Springt von Post- zu Pöstchen,
ins gemachte Nestchen.
Ei! Da lacht es!
Ei! Da kracht es!
Plumps, da fiel es runter.

FÜR DIE MITGLIEDER DER KULTUSMINISTERKONFERENZ

Es waren Minister in deutschen Ländern,
die wollten die Bildungspolitik verändern.
Nach einer Sondierung mit viel Kaffee
tat ihnen der Po vom Sitzen weh.
Und so verzichteten sie weise
auf den Rest der langen Reise.*

* *Dank an Joachim Ringelnatz*

31

3. Reisetag:

Über Glaube, Liebe und Hoffnung

Lasse mir von eifrig auf mich einredenden Pädagogiern ihre Religionen erklären. Erfahre, dass sie ihrer Glaubensrichtungen wegen heillos zerstritten sind. Die Montessorianer glauben daran, dass „das Kind" zur Selbsttätigkeit fähig sei und lediglich Hilfe brauche – etwa in Form eines Tabletts mit bunten Klötzchen. Wohingegen die Fröbelianer glauben, Kinder seien selbstbefähigt zum Tun – vorausgesetzt es gibt „Hilfen" in Form eckiger Holzstückchen. Die Situationsansatzianer und die von ihnen abgespaltenen Lebenspraxis-Ansätzler hingegen erheben die „Selbsttätigkeit der Kinder" zum Glaubenssatz. Dies lehnen insbesondere die Waldorfisten, aber auch die mit ihnen überhaupt nicht verbündeten Waldkitaisten ab, die stattdessen das Tun des Kindes – dem sie große Selbststätigkeit zusprechen! – in den Mittelpunkt stellen.

NICHT OHNE MEINEN ANSATZ!

Jeder Mensch hat irgendeinen Ansatz, aber manche Leute haben Probleme damit. Birgit bekämpft ihr Problem mit dem „Diadem"-Ansatz-Set, das die perfekte Kaschierung des Übergangs von Grau zu Blond verspricht. Bei Heiner hat sich mit den Jahren ein kleiner Ansatz am Bauch herausgebildet, während sich der Haaransatz zurückgezogen hat. Jeanette kommt erst in die Puschen, wenn sie sich einen extrastarken Kaffee angesetzt hat. Wer sich als Pädagoge für Kinder einsetzt, braucht erst recht einen Ansatz, schon um sich von anderen Experten abzusetzen.

DER ANSATZ DER SCHWELLEN-PÄDAGOGIK

1. Die besten pädagogischen Ideen hat man morgens in der S-Bahn, zum Beispiel beim Surfen auf www.kinderirgendwiebeschäftigen.de.
2. Haut das mit dem Empfang in der S-Bahn nicht hin, hat man die besten Ideen auf der Schwelle der Einrichtung.
3. Wenn auf der Schwelle auch nichts passiert – kein Problem! Das Team arbeitet so oder so nach dem megaoffenen Ansatz.

DER ANSATZ DER MUTTI-PÄDAGOGIK

1. Kinder brauchen zum gesunden Aufwachsen viel Wärme und besonders liebevolle Betreuerinnen.
2. Ganz viel Wärme entsteht, wenn das Kind die dicke Jacke anzieht, schön zumacht und nicht vergisst, das Mützchen aufzusetzen – im Frühling, Sommer, Herbst und Winter.
3. Betreuerinnen bleiben liebevoll, wenn das Kind endlich die dicke Jacke anzieht, schön zumacht und sofort das Mützchen aufsetzt – wie oft soll ich das noch sagen!

DER NOTHELFER-ANSATZ

1. Wir sehen Kinder in einer sich ständig verschlimmernden Welt aufwachsen, in zunehmend verwahrlosenden Familien, geprägt durch Missachtung, Missgunst und Missmut.
2. Wir erleben überforderte, unzulängliche Fachkräfte in verwahrlosten Räumen, unfähig zur Zusammenarbeit und zum sensiblen Eingehen auf Kinder.
3. Und wir sehen uns: edel, hilfreich und gut. Und wir sehen, dass das gut ist.

DER HUBERT-UND-ANNELIESE-FRATZ-HALLER-ANSATZ

1. Das Kind steht bei uns mit seinen Bedürfnissen und Potenzialen im Mittelpunkt.
2. Unsere Arbeit zielt darauf ab, dem Kind eine optimal förderliche Umgebung zu verschaffen und es unbeschwert von ungünstigen Einflüssen aufwachsen zu lassen.
3. Mit „das Kind" ist unsere Marie-Charlotte gemeint, mit förderlicher Umgebung die Klavierstunde, der Ballett-Kurs und Sophie-Eleonore, die Tochter unseres Hausarztes, mit „ungünstigen Einflüssen" schlechte Filme, schlechte Ernährung und alle anderen Kinder der Gruppe.

DER PRAGMATISCHE ANSATZ IN DER ÜBERSCHULDETEN KOMMUNE

1. Kinder fehlt es heute an Freiräumen, in denen sie unbeobachtet selbstgewählten Betätigungen nachgehen können. Wir schaffen ihnen diesen wertvollen Erfahrungsraum, indem wir für einen extrem niedrigen Betreuungsschlüssel sorgen.
2. Im Sinne der Inklusion genießen Kinder mit Behinderungen die gleichen Rechte wie nichtbehinderte Kinder. Wir gewähren Gleichheit, indem wir ihnen die schlechten Bedingungen der anderen Kinder nicht länger vorenthalten. Weg mit dem diskriminierenden Extra-Personal!
3. Immer mehr Kinder in unserer Gesellschaft wachsen in Armut auf. Der Bauzustand und das Mobiliar unserer Einrichtungen vermitteln ihnen eine angenehme, weil von daheim vertraute ranzige Atmosphäre.

DER ANSATZ DER VERLÄSSLICHEN GANZTAGSGRUNDSCHULE

1. Kinder brauchen empathische Lehrerinnen und Lehrer sowie kluge Horterzieherinnen und Horterzieher, die sich gemeinsam um ihr Wohlergehen kümmern.
2. „Gemeinsam" heißt ja wohl bitte nicht, dass wir uns mit denen an einen Tisch setzen müssen!
3. Kinder brauchen Fachkräfte, die das Einverständnis miteinander teilen, dass man „mit denen" nicht zusammenarbeiten kann – im Sinne aller.

**DER ANSATZ DER INITIATIVE
„MEHR NATURWISSENSCHAFT IN KINDERGÄRTEN"**

1. Kinder sind kleine Forscher, die die unendlichen Geheimnisse der Natur ergründen wollen.
2. Ein Geheimnis bleibt uns großen in den Kindergarten abgeordneten Forschern allerdings, warum manche Kinder dabei so unendlich dumme Fragen stellen.
3. Forscher bin ich nicht nur, sondern werde es auch im Tonfall, wenn ich merke, dass meinen ausführlichen Erklärungen keiner zuhört!

DER „KLEINE GLOBAL PLAYER"-ANSATZ

1. „Hundert Sprachen hat das Kind", sagt Loris Malaguzzi – sehr richtig! Wir beginnen zunächst mit der Vermittlung von Englisch, Mandarin, Französisch und Schwedisch, um nach der Krippenzeit die anderen 95 Sprachen zu vermitteln.
2. „Kinder sind Gäste, die nach dem Weg fragen", sagte Astrid Lindgren. Unsere Mütter fahren sie genau dort hin, denn sie haben ja den geräumigen SUV – und tagsüber viel Zeit.
3. „Um ein Kind zu erziehen, braucht man ein ganzes Dorf", sagt man in Afrika. Zwar ist ausreichendes Personal kostspielig – aber das sind uns die kleinen Global Player einfach wert!

DER MUSIKORIENTIERTE ANSATZ

1. Wohlklingend wie eine gut gepflegte Stradivari, der Jung Chin Wu das Adagio von Albinoni entlockt, ist auch unser Konzept der Musikorientierung, das unter der Schirmherrschaft von Stardirigent Claus Clawitter entstand.
2. Die Umsetzung entspricht dann eher dem, was Klein Lasse dem armen Instrument täglich an Tönen entlockt: schröks, quietsch, knirsch.

Da mach ich
auf dem Absatz kehrt...

DER PÄDAGOGISCHE ANSATZ
VON DR. HUBERT WURSTEDER

1. Friah, do war d'Muata ollweil dahoam, wamma von d'Schul hoamkemma sind. Dös war a scheene Zeit.
2. Heutzutage, da wollen unsere Frauen alle selbst a weng Geld verdienen. Da bauen wir denen an Kindergoartn, und da passen's dann andere Frauen auf deren Kinder auf – für an kloanen Obolus.
3. Inzwischen, da wollen die Frauen dort aber ein echtes Gehalt hoam. Was dös kostet! I denk mir da fei scho: Da hätt mia's die Frauen doch besser zu Hause lossn können – käm billiger!
4. Dafür hoam mia ja dös Betreuungsgeld erfunden. Wenn i allerdings dran denk, das dös auch die Homo-Pärchen jetzt beantragen können, wo der oane Vater dahoam bleibt, derweil der andere Vater im Coiffeur-Salon arbeitet – pfui Deifi!

Was ist mein Ansatz?
…

DER ANSATZ DER ERPROBTEN
POLIT-TALKSHOW-ZUSCHAUER

1. Kinder werden heute als Kleinkinder total verwöhnt und dann auf dem Gymnasium – ohne das man ja nichts mehr wird – mit furchtbar viel Lernstoff gequält. Nur auf die wirklich wichtigen Themen verzichten diese Kuschelpädagogen!
2. Kinder brauchen Liebe, klare Grenzen und ganz viel Schreibschrift, am besten mit schwierigen Schnörkeln, die die Handmotorik fördern.
3. Schwedische Schulen beweisen, wie viel besser es französischen Eltern gelingt, ihren Kindern mit russischer Strenge beizukommen – oder waren es Schweizer? Die Türken waren es jedenfalls nicht.
4. Zusammengefasst: Unser Bildungssystem muss offenbar – sagen ja auch Experten wie diese Schauspielerin da – dringend grundlegend reformiert werden! Kerninhalt dieser Reform muss sein, dass sämtliche Bildungsreformen der letzten 150 Jahre konsequent zurückgezogen werden.

VOLK OHNE RAUMKONZEPT?

Wir sind Pädagogen. Weil wir das sind, denken wir pädagogisch. Das geht so: Bei allem, was wir denken, denken wir zusätzlich noch über etwas Anderes nach. Über die Kinder, die Eltern, die Lernziele, die Werte, die Zukunft und die Gegenwart. Dabei planen wir Handlungen, so durchdacht, wie sich das niemand anderes ausdenken könnte. Auch in Bezug auf Raum denken wir so. Lassen wir die anderen darüber schmunzeln, denn wir wissen: Sie haben die Möbel. Wir haben das Raumkonzept!

Yes!

WAS INSPIRIERENDES:
DER RAUM ALS ANREGUNGSREICHE UMGEBUNG
Wenn Praktikantin Ismena morgens den Gruppenraum betritt, versteht sie dieses Konzept ganz automatisch. „Ich würde ja die Hauschuhe anziehen, bevor ich reinkomme", regt Gudrun, ihre Ausbilderin, an und schlägt vor: „Außerdem solltest du mal den Schneeflockentanz mit den Kindern einüben. Die Lehrer an der Fachschule lieben so was." Bei einem überaus anregenden Kaffee erhält Ismena später den Tipp, sich doch mal eine „ordentlichere Frisur" zuzulegen, denn: „Was sollen die Eltern denken?" Ein wahres Anregungs-Reich, diese Kita, findet Ismena.

WAS FÜRS KINDLICHE GEMÜT: DER RAUM ALS WOHNZIMMER
Kinder brauchen Räume, in denen sie sich zu Hause fühlen, sagt Irmgard, eine der konsequentesten Verfechterinnen des Wohnzimmer-Ansatzes. „Und mit zu Hause meine ich: bei mir zu Hause!" Dementsprechend herrschen Materialien vor, die sich schon im Ur-Raumkonzept des Irmgardismus als anregend bewährt hatten: die behagliche Couch, das Bild mit der großen Kinderträne und die Elefantenfigurensammlung. Auch die Raumregeln vermitteln Zuhause-Charme, wie Irmgard erklärt: „Ich bin kein Freund riesiger Regelposter, auf denen steht, was die Kinder alles nicht dürfen. Bei mir gilt nur eine einzige, ganz simple Regel: Irmgard bestimmt!"

WAS FÜRS BESUCHERHERZ:
DER RAUM ALS INFORMATIONSFLUTER
„Liebe Eltern", ruft ein Poster in der Eingangshalle, „herzlich willkommen in der Kita Wurzelbaude!"
„Moment mal", quengelt ein weiteres Poster, „ich, das Ernährungsgrundsatzplakat, begrüße hier die Gäste!"
„Was? Ich, das Leitbild katholovangelischer Kindertagesstätten begrü…"
„Lassen Sie die Poster doch quatschen", flüstert ein netter Aushang. „Ich stelle Ihnen lieber die Bildungsziele der

Drachengruppe vor. Also, ganz groß geschrieben wird bei uns psycho-aktive Motorik-Bewusstheit…"
„Kappes!" schreit ein kleines Post-it dazwischen. „Ich weiß, was Sie wissen wollen! Elias – das ist Ihrer, oder? – hat heute beim Brokkoli sogar Nachschlag geholt, yeah! Und Stuhlgang zweimal, das zweite Mal übrigens in der vorletzten Windel…"

WAS FÜR BILDUNGSHUNGRIGE:
DER RAUM ALS LERNANLASS

„Kinderräume sind Bildungsräume", sagt Leiterin Clarissa begeistert. „Deshalb gibt es in unserem Raumkonzept keinerlei Zufälligkeiten. Spiele sind für uns Lernspiele. Die Bilder an der Wand inspirieren uns zum Nachmachen, Weiterspinnen, Andersmachen. Bälle sind für uns geometrisch klar geformte Bildungskörper mit zahlreichen Möglichkeiten, sie rollend oder springend in Bewegung zu erleben. Stühle sind für uns Bildungsmöbel, die Kinder motorisch herausfordern und zu immer wieder neuen Fragen rund ums Sitzen provozieren. Fenster sind für uns Bildungswandlö..“
„Äh, sorry. Ich muss mal…"
„Kein Ding! Eine Bildungstür weiter, vorbei an der Bildungsgarderobenleiste, die zum An- und Abhängen von Jacken animiert, befindet sich unser Bildungsfunktionsraum ‚Welt der Verdauung'. Die dort aufgehängten Inspirationsbilder fordern Sie zu zahlreichen Betätigungen auf, mit denen Sie sich die Bildungssanitärkeramiken erschließen können – klein oder groß!"

WAS FÜR KLEINE FORSCHER-GEISTER: DER NATUR-RAUM

„Kinder haben den Kontakt zur Natur weitgehend verloren", erklärt der dreadlockige Ronny. „Sie halten sich überwiegend in klimatisierten Räumen auf, erleben Kälte oder Regen nicht mehr, kennen keine Insekten…"
„Dann arbeiten Sie wohl in einer Waldkita, Ronny?"
„Schön wär's", antwortet der junge Mann. „Nee, Öffentlicher Dienst in Berlin. Aber Natur-Erlebnisse haben wir trotzdem: Wenn der Herbstwind oder der Novemberregen durch die kaputten Fenster dringt. Wenn die Kinder den Schimmel an der Wand zum Hof abpopeln, am fauligen Bein vom Esstisch die Kompostierung von Holz erforschen, im Schlafraum die Lebensbedingungen des gemeinen Hausschwamms untersuchen oder wenn sie an der Fußbodenleiste auf Entdeckungstour… Moment. Hey, Malte! Das ist ein Lebewesen, kein Spielzeug! Wie oft sage ich: Finger weg von den Kakerlaken!"

WAS FÜR DIE GEMEINDEFESTSCHRIFT:
DER RAUM ALS ARCHITEKTEN-TRAUM

„Isch subber gworde", lobt Bürgermeister Glöckele den Architekten Lars de Gropiusier bei der Kita-Eröffnung. Da ergreift der Gelobte das Wort: „Die Architektur dieses Hauses soll nicht zuletzt ein gewandeltes Verständnis von Pädagogik vermitteln – und Respekt vor Kindern, die nicht mehr mit 08-15-Chic abgespeist werden sollen. Mit den bodentiefen Fenstern, den weißen Wänden, dem Fußbodenbelag aus gebürsteter Eiche, den Einbaumöbeln im Bauhausstil und der cappuccinobraun gedimmten Cafeteria in unserer weiträumigen Piazza will ich den Kindern von morgen ein völlig neues Lebensgefühl ermöglichen. Apropos Kinder von morgen: Die Kinder von heute, diese Schmutzfinken mit Farbfingern und Drecksohlen, gehen bitte sofort in den Altbau! Die passen ja nun mal gar nicht zum Stil des Hauses."

WAS FÜR KORREKTE:
DER ALLEM GERECHT WERDENDE RAUM

„Diese Einrichtung wird von Kindern aus 44 Kulturen besucht", berichtet Fachberaterin Dörte. „Das soll sich auch in der Einrichtung widerspiegeln, in der sich die Kinder jedweder Hautfarbe, Ethnie, Sprache und Gesellschaftsschicht wiederfinden sollen. Sieht man an unserer Spielzeugausstattung, wo wahlweise ein Vollholz-Bobbycar und ein tiefergelegtes bereitstehen. Eine Babyborn ist gepierct, die andere mit diesem umgenähten Kissenbezug vollverschleiert. Im Kaufmannsladen haben wir einen Bereich eingerichtet, in dem nur veganes Kaufladenzubehör liegen darf – auch wenn es den Kindern schwerfällt, darauf zu achten. Oder die Bauecke: Hier hängt als Inspirationsbild nicht nur ein Kirchen-Foto, sondern auch das einer Moschee, eines Hindu-Tempels und eines Naturreligion-Heiligtums."
„Und das Foto vom ollen Allee-Arkaden-Center?"
„Das ist für Kinder aus Familien, die an nix glauben – außer Konsum."

SELBSTTEST:
MINDESTENS FÜNF SICHERE ANZEICHEN DAFÜR…

… dass ich Probleme
mit dem Verständnis des Konzepts „Offener Ansatz" habe:

☐ Offener Ansatz bedeutet, dass Kinder in partizipativen, selbst initiierten Situationen selbstorganisierte Lernerfahrungen vollziehen, begleitet von Erwachsenen als Resonanzpartner und Coaches mit freischwebender Aufmerksamkeit. Was das konkret heißt, lasse ich mal lieber offen.

☐ Offener Ansatz heißt für mich, jeden Tag für einen neuen Ansatz offen zu sein.

☐ Offener Ansatz heißt für mich, die Türen immer offen zu lassen – zum Beispiel die Klotür, um dahinter stattfindenden Unfug mitzukriegen und schnell eingreifen zu können.

☐ Offener Ansatz heißt für mich, für alle Flitzpiepen-Ideen der Eltern offen zu ein.

☐ Offener Ansatz heißt für mich, offen immer das zu sagen, was mir durch den Kopf geht. Zum Beispiel, dass die „kleinen Scheißerchen" mir gerade „ganz gehörig auf den Sack gehen".

☐ ~~~~~~~~~~~~~~~~~~

☐ ~~~~~~~~~~~~~~~~~~

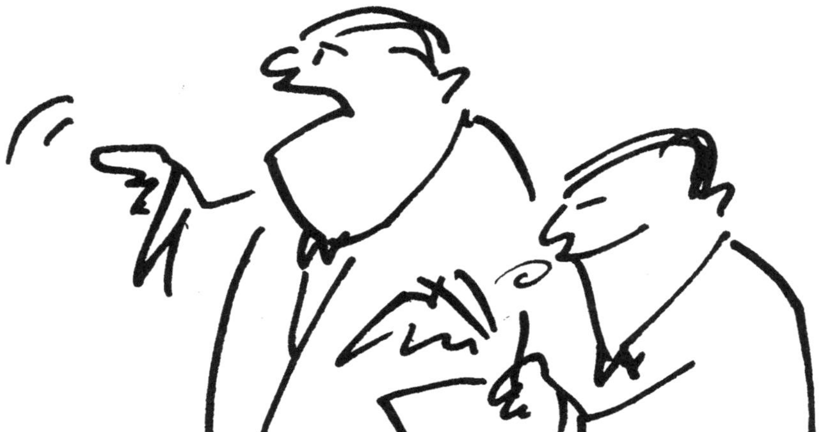

4. Reisetag:

Unter Aufsteigern, Aussteigern und Aufschneidern

Merke beim Blick in den Kalender, dass die Hälfte meiner Zeit im schönen Pädagogien schon vergangen ist. Frage in einem Anfall von Wehmut, ob ich bleiben darf, und verspreche, ein tapferer Pädagogier zu werden. Erfahre, dass Neubürger zwar willkommen sind, denn das Volk werde immer kleiner, aber zahlreiche Einbürgerungs-Rituale werde ich absolvieren müssen: zuerst mehrjähriges rituelles Bänkedrücken in der Fachschule, dann Praktika unter der Knute einer strengen Praxisanleiterin und schließlich der feierliche Schwur, für den Rest des Lebens auf ein „dem Stress gerecht werdendes Gehalt" zu verzichten.

Bin entsetzt und frage mit verschwörerischem Zwinkern in Richtung Geldbeutel, ob man das nicht abkürzen könne. „Wir sind nicht käuflich", erklären mir die Pädagogier stolz. Wenn es mir zu lange dauere, einer der Ihren zu werden, „dann mach doch einfach Quereinsteiger. Geht ratzfatz!"

DIE KINDERFÜHRERSCHEIN-PRÜFUNG FÜR QUEREINSTEIGER

Uff, das Arbeitsleben ist kompliziert geworden!

„Komm mit", sagt da manch ein Key Account Manager zum Junior Sales Consultant. „Etwas Besseres als ‚Contract Risk & Compliance – Software Asset Management' finden wir überall." Also machen sich die beiden auf den Weg zum guten alten Kindergarten „Bremer Stadtmusikanten", hängen ihre Jacken unters vergilbte Entchen- oder Schweinchenbild und fragen ihre alte Erzieherin: „Tante Käthe, dürfen wir wieder zu dir kommen? Diesmal als Erzieher?"

„Ach, ihr Lieben", seufzt die gute Tante Käthe und wischt ein Tränchen aus dem Augenwinkel. Dann erhebt sie mahnend den Zeigefinger und spricht: „Aber nur, wenn ihr nicht mehr Tante sagt – das ist unmodern. Und wenn ihr versprecht, die vorgeschriebene Quereinsteiger-Prüfung zu machen." „Wir waren doch schon hier und wissen, wie es geht", wenden die beiden ein. Käthe hat ein Einsehen und rückt schon mal die Prüfungsfragen raus.

Pssst, hier folgen die Fragen, damit auch Du die Quereinsteiger-Prüfung machen kannst und keinen Tag länger nachsinnen musst, was verdammt noch mal als „Business Development Representative" Dein Tätigkeitsprofil ist.

SELBSTTEST:
WIE FIT BIN ICH FÜR DEN EINSATZ IN DER KITA?

1 Im Spielraum beobachten Sie zwei Kinder, die merkwürdig ineinander verkeilt sind. Beide halten Duplosteine in den Händen, mit denen sie versuchen, durch schnelle Bewegungen auf dem Gegenüber Abdrücke zu erzeugen. Wie verhalten Sie sich?

☐ A: Ich reagiere sofort! Auf meinem Beobachtungsbogen trage ich ein: „9.32 Uhr. Situation: Schlägerei zwischen Kind A und Kind B. Erwartetes Kinderverhalten: Heulen."

☐ B: Ich nehme den Duplostein beiseite und bitte ihn, darüber nachzudenken, dass er jetzt jemandem sehr wehgetan hat.

☐ C: Ich halte mich zurück. Ist nicht der Raum der dritte Erzieher? Da kann der doch jetzt mal was unternehmen!

2 Das ist anders als in Ihrem bisherigen Job: Im Kindergarten sind viele Menschen unterwegs: Eltern, Kinder, Fachkräfte. Woran erkennen Sie, wer zu welcher Gruppe gehört?

☐ A: Hmmm. Ich muss raten. Die zwei Kleineren nebeneinander, das könnten eventuell diese Erziehungspartner sein, von denen immer die Rede ist.

☐ B: Also, für mich sind das alles nur Interaktionspartner und natürlich „sich selbst bildende Individuen". Habe ich nicht prima aufgepasst beim dreitägigen Vorbereitungskurs?

☐ C: Ich beobachte die Trinkgefäße. Bunte Plastikbecher mit Tee deuten auf Kinder hin. Milchkaffee im ToGo-Pappbecher spricht für Eltern. Die mit den Motivtassen voller hoch dosierter Plörre sind Fachkräfte. Richtig?

3 Ihre Kolleginnen bitten Sie nach einigen Wochen, nun auch einmal ein Angebot zu machen. Wie verhalten Sie sich?

☐ A: Ich kaufe Blumen, ziehe mein bestes Hemd an und raune der flottesten Dame verheißungsvoll zu: „Mandy, wie wär's mit uns zwei Hübschen?"

☐ B: Ein Bildungsangebot? Dafür erwerbe ich beim Großhändler Bildungs-Rohware, kalkuliere messerscharf den Preis und versuche, die Konkurrenzangebote meiner Kolleginnen zu unterbieten.

☐ C: Ich plane mein Angebot natürlich auf der Grundlage des Bildungsprogramms: zum Beispiel dieses Arte oder DreiSat. RTL 2 eignet sich wohl eher nicht.

4 Sie finden im Bildungsprogramm Ihres Landes einen schlauen Satz wie den folgenden: „Bildung vollzieht sich als ko-konstruktiver Prozess und ist gleichzeitig Sinn-Konstruktionsprozess, der zudem kontextuell eingebettet ist." Fassen Sie kurz zusammen, was Sie darunter verstehen.

☐ A: Kurz zusammengefasst: Ko, kokodi, kokodi, kokoda. Ist das nicht das Ende von „Der Hahn ist tot"?

☐ B: Ich kann's nicht mit eigenen Worten wiedergeben, aber der Satz klingt wunderwunderschön.

☐ C: Ich nehme jetzt den Telefonjoker und rufe meine alte Grundschullehrerin an. Die kennt sich mit diesem Pädagogikkram supi aus.

5 In einem Kindergarten treffen täglich viele Erwartungen aufeinander:
Die Eltern wollen, dass ihre Kinder artig sind und sauber bleiben.
Die Kommunalpolitiker wollen, dass man im Kindergarten Geld sparen kann,
um Haushaltslöcher zu stopfen. Das Bildungsprogramm des Landes will,
dass die Kinder zu gebildeten und handlungsfähigen Individuen erzogen werden.
Wer hat Vorfahrt?

☐ A: Zuerst, glaube ich, kommt die Sache mit dem Artig- und Sauber-
sein zum Zuge. Das kommt schließlich von ganz rechts.

☐ B: Mir scheint das mit der Bildung irgendwie übelst wichtig zu sein.
Aber warum sollen die Kinder zu Endivien werden? Ist das nicht
dieser furchtbar bittere Salat?

☐ C: Das Einsparpotenzial hat grundsätzlich immer Vorfahrt. Der Bil-
dungsanspruch muss warten, bis zirka 2035.

6 Nicht immer herrschen im Erzieherberuf optimale Arbeitsbedingungen.
Bei welchen unzureichenden Gegebenheiten sollten Sie umgehend Ihre
Arbeitstätigkeit unterbrechen?

☐ A: Wieso Arbeitstätigkeit? Ich mach diese Gedöns-Umschulung nur,
damit ich endlich nicht mehr arbeiten muss und wieder den ganzen
Tag spielen kann.

☐ B: Oh, eine Fangfrage! Im Erzieherberuf sind schlechte Arbeitsbedingungen doch keine Ausnahmesituation, sondern seit Jahrzehnten
Standard. Ich arbeite also weiter – egal, wie schlecht die Bedingungen
sind und werden.

☐ C: Sehe ich so wie B. Wenn die Arbeitsbedingungen mal nicht
mehr unzureichend wären, würde ich selbstverständlich meine
zukünftige Hilfserzieher-Stelle aufgeben, um auf diese Weise zur
Wiederherstellung der gewohnten Schlecht-Bedingungen beizutragen.

Auswertung

Haben Sie fleißig A, B oder C angekreuzt?
Dann sind bestimmt viele Ihrer Antworten richtig… Genauer möchten wir eigentlich nicht hinschauen. Sie wissen ja: Wir brauchen jetzt jeden, der bereit ist, für
wenig Geld hart zu arbeiten.

Ja, Sie haben bestanden! Glückwunsch! Sie haben den Job!
Und jetzt bitte sofort hier unterschreiben…

HOL DIR SCHWUNG MIT FORTBILDUNG

Jede Pädagogin, jeder Pädagoge fühlt sich mal ausgebrannt oder vermisst neue Ideen, weil immer das Gleiche passiert. Dann wird es Zeit, das neue Fortbildungsverzeichnis zur Hand zu nehmen, das die Leiterin so absichtsvoll im Pausenraum abgelegt hat. Blättern Sie in Pädagogiens immer aktuellem Fortbildungsverzeichnis!

INS GESPRÄCH KOMMEN – EIN KOMMUNIKATIONSANGEBOT

„Ich wollt' nur mal mit dir reden" – unter diesem Motto von Daliah Lavi besprechen wir im Seminar alles, was uns durch den Kopf geht. Dabei passieren wir so unterschiedliche Themen wie „Manchmal könnte ich sie alle an die Wand klatschen", „Mit Salzteig lassen sich niedliche Hundewelpen kneten" und „Ich als Alleinstehende bin mit dem Thermomix quasi verheiratet", um in der Schlussrunde das Fazit zu ziehen: „Schnell rumgegangen, oder?"

„ICH SEHE DAS AUCH SO, HERR SEMINARLEITER" – EIN BEFLISSENHEITSTRAINING

Sehr richtig,
Herr Autor!

In dem zweitägigen Seminar geht es darum, zu möglichst vielen Grundsätzen aktueller Pädagogik zustimmend zu nicken. Während mehrerer Phasen ungefährlicher Selbstreflexion haben die Teilnehmenden ausreichend Zeit, das erworbene Wissen sacken zu lassen, um es bis zum nächsten Arbeitsbeginn konsequent vergessen zu können.

GOTTES SCHÖPFERKRAFT BEIM WINDELWECHSELN – EIN SEMINAR FÜR KATHOLISCHE KITA-TEAMS

Selbst wenn die vom rechten Glauben abkommenden Mitarbeiterinnen konfessioneller Krippen jetzt die Augen rollen: Gott steckt auch im Krippenalltag – und nicht nur diese moderne Pädagogik, von der sie alle reden.
In der Seminarreihe, die im vergangenen Jahr die Morgenkreis-Andacht und das Fläschchen-Gebet thematisierte, führt uns Seminarleiterin Eustachia Rotzeder diesmal zum Wickeltisch, um über religiös bewusstes Anlegen frischer Windeln – immerhin das einzige Bekleidungsstück von Jesus am Kreuze – zu referieren. Getreu dem Leitspruch: „In jeder vollen Windel steckt ein Geschenk Gottes."

NACHHALTIGKEIT – EIN BEGRIFFSKLÄRUNGS-SEMINAR

Nachhaltigkeit ist ein vielbeschworener Begriff. Aber was steckt dahinter? Die Umsetzung von BNE-Zielen im Rahmen von multiperspektivischen Qualitätsrahmenvereinbarungen? Eine Win-Win-Agenda aus kontra-koedukativer, prä-ethnisch-partizipativer Praxis? Oder offene Austauschprozesse über eine ganze Bandbreite nicht näher spezifizierter Ziele?

In diesem Seminar voller Impulsvorträge und Positionsbestimmungen erfahren wir – nichts. Außer, wie langsam die Zeit vergehen kann. Aber ist das nicht auch Nachhaltigkeit?

KAFFEEPAUSEN GENIESSEN – EIN SEMINAR FÜR KOFFEINBEWUSSTE TEAMS

Ein wenig beachtetes Kleinod unserer Seminarkultur nehmen wir in diesem Seminar unter die Lupe: die Kaffeepause. Wir nähern uns der Kaffeepause nicht theoretisch, sondern durch praktisches Ausprobieren. In vier Blöcken untersuchen wir die Top-Techniken Sitzen, Erholen, Trinken und Keks-Verzehr. Zwischendurch erlauben ausreichende Pausenzeiten, wieder zu sich kommen.

KLARTEXT REDEN – OFFENE KOMMUNIKATION IN PROESKALATIVEN GESPRÄCHSSITUATIONEN

Gerade in Gesprächen mit unbelehrbaren Sturköpfen fällt es uns oft schwer, die richtigen Worte – Vollhorst, Torfkopf, Heule-Eule – zu finden. Dabei sind klare Formulierungen wie „Halt ein für allemal den Sabbel, verdammter Vanessa-Papa" wichtig, um Botschaften emotional glaubwürdig zu übermitteln. Ein unverzichtbares Kommunikationstraining für tüddelige Weicheier, die endlich mal Arsch in der Hose beweisen wollen.

**KNIETIEF IM KNAST –
RECHTSBERATUNG FÜR ERZIEHERINNEN**

In Rechtsfragen sind Erzieherinnen oft blauäugig. Wer weiß schon, wie brisant es im Sinne des Datenschutzes ist, Kinder mit Vor- oder gar Spitznamen anzusprechen, wenn andere Menschen dabei sind? Wer macht sich klar, dass Bastelscheren durchaus unter das Hieb- und Stichwaffengesetz fallen, Polizeikostüme in der Öffentlichkeit als Amtsanmaßung gelten und Hochebenen ohne Fall-, Hinunterwerf-, Raumkletter- und Dunkle-Ecke-Versteck-Schutz lebensgefährliche Kinderfallen sind? Wer ahnt, dass das arglose Begünstigen von Viren- und Läuseweitergaben als Beihilfe zu versuchtem Totschlag geahndet werden kann?

Sie, lieber Fortbildungsinteressierter, wissen es offenbar nicht – und sollten sich umgehend für das von Dr. jur. Lutz Nothammer geführte Seminar anmelden, um es später mit schlotternden Knien zu verlassen.

GAGA ODER DADA – KLEINSTKINDER SIND ANDERS

Gerade Krippenneulinge merken verblüfft: Auf klare Ansprache und formschöne Regelplakate reagieren Kleinstkinder nur verhalten. Beim Vermitteln des Liedes „Kleiner Apfel" hören sie nicht zu, zerkrumpeln das schöne Tonpapier beim Fensterbildfalten und erweisen sich beim Herstellen von Weihnachtsgeschenken für ihre Eltern als rücksichtslose Egomanen oder Störenfriede. Im Seminar wird darüber reflektiert, um am Ende lapidar festzustellen: „Diese Kinder sind einfach noch zu klein für die Kita."

CHEFSACHE – QUALITÄTSMANAGEMENT IN DER KITA

Qualitätsmanagement? „Für mich ein Buch mit sieben Siegeln", sagen viele Leitungskräfte.

In diesem Seminar, in dem wir uns eingehend mit dem Unterschied zwischen Qualitätsanforderungen, Qualitätssteuerung und Qualitätsoptimierung beschäftigen und lernen, derzeit gültige Modelle wie ISO, KTK, BETA VEK, KES, KES-R und QUA-Tsch auseinanderzuhalten, philosophieren wir auch darüber, ob Kinder im Qualitätszirkel als Kunden, Auftragnehmer oder Dienstleistungsempfänger zu definieren sind, um am Ende zu resümieren: Das mit den sieben Siegeln stimmt einfach.

VOM OHR INS HIRN –
KINDERMUSIK TÄNZERISCH UMSETZEN

Alle kleinen Kinder lieben die fröhlichen, mit Bimmelbammel-Glöckchen und Hammond-Orgel-Klängen unterlegten Lieder von Rüdiger Zukotzky. Jetzt hat das Ausnahmetalent den Techno-Rhythmus entdeckt und unterlegt damit seine beliebtesten Songs wie „Balla, balla, Schnulla" oder „Wenn Meerschweinchen träumen" kraftvoll.

Achtung! In diesem Seminar ist Herr Zukotzky anwesend, um mit Ihnen auf kleinkindgemäße Weise zu tanzen und den Toberaum zu „rocken": Gimmi, gimmi everlasting Earworms!

GLÜCK AUF – EIN SEMINAR FÜR GLÜCKSSUCHER

Glückliche Kinder brauchen glückliche Erwachsene. Aber was ist eigentlich Glück? Woher bekommt man es? Und hat man, wenn man es nicht hat, automatisch Pech?

In diesem Seminar beschäftigen wir uns mit dem beglückendsten Fortbildungsthema überhaupt, dem Glück. Garantiert ohne Anwendungsbezug, aber Balsam für die wunde Erzieherseele.

Gluck, gluck!

RATGEBER:
HOW TO VERGEIG THE FORTBILDUNG

Reisen Sie am Vortag per Bahn an. Beziehen Sie Ihr Zimmer im „Gasthaus zum Hirschen", in dem es nach kaltem Rauch und altem Fett riecht. Gehen Sie beim deftigen Abendessen in der Wirtsstube Ihre Seminarunterlagen noch einmal durch, um auf Unerwartetes vorbereitet zu sein: Die Teilnehmerzahl ist höher als verabredet, und es kommen Krippenerzieherinnen, obwohl Sie doch über Ü3 statt U3 referieren wollen. Vermeiden Sie, panisch Ihre Vorbereitungszettel zu überfliegen. Ein resignierter Seufzer reicht: Jetzt ist's eh zu spät.

Betrachten Sie morgens vor dem Seminar den Raum. Als dritter Erzieher, wie Sie es sich vorstellen, gefällt er Ihnen nicht? Trösten Sie sich: Niemand weiß, was für ein Typ dieser sagenumwobene Erzieher sein soll. Ihrer ist eben ein trockner Typ im staubgrauen Anzug, dem man schnell entfliehen möchte. Sehen Sie: Ihr Raum ist vorbereitet! Begrüßen Sie die Teilnehmerinnen. Und den Herrn. Sagen Sie, wie sehr es Sie freut, auf die Praxis zu treffen, die auch Ihnen so vieles zu geben habe. Nicht nur umgekehrt.

Bitten Sie alle, sich vorstellen: Nadine aus der eingruppigen Kita in Unter-Oberlingen, Susi aus der dreigruppigen Kita in Hohen-Niederndorf und Gerd aus dem Hort in Hinter-Miesöd.

Geben Sie in der Vorstellungsrunde Klebeband und Eddings aus, um die Teilnehmer zu markieren. Verwenden Sie kräftiges Klebeband (Panzertape), um den Teilnehmern das Glück persönlicher Ansprache über das Seminar hinaus zu ermöglichen: etwa beim Pausenimbiss im Kaufland-Bistro („Herta, für Sie die Wurstsemmel auch mit Senf") oder auch daheim („Schnuckiputz, heißt die wirklich in echt Waltraut?").

Fragen Sie in der Einstiegsrunde den Erwartungshorizont ab. Horizont – das meint eine weite Linie, die die ganze Welt umspannt und zu der man nie gelangt, denn wenn man hingeht, verschiebt sie sich mit. Versuchen Sie trotzdem tapfer, all das, was auf ihren Horizont-Kärtchen steht, zu erreichen. Vielleicht klappt es ja doch mal…

Präsentieren Sie mit Powerpoint. Zu Deutsch: ==Kraftpunkt,== aber das behalten Sie im Zweifelsfall lieber für sich. Genießen Sie die Vorteile dieser Präsentationsmethode, denn mit reinen Wort-Vorträgen könnten Sie die Zuhörer nur akustisch erreichen und laufen Gefahr, sie mit viel zu vielen Gedanken und Fakten zu überfordern. Ihrer Bild-Präsentation gelingt es hingegen spielend, dem Publikum auch visuell ein Gähnen zu entlocken.

Viele Dozenten übersehen übrigens, dass bei einer guten Lernveranstaltung nicht nur der Kopf angesprochen werden sollte. Nein, die Lernenden von heute möchten Bildung mit dem ganzen Körper spüren. Und ==Hand aufs Herz:== Gibt es intensivere Körpergefühle als das, was nach langem Sitzen auf einem harten Stuhl entsteht? Na also – lassen Sie sich Zeit mit Ihren 154 Folien.

Schon weil sich in jedem Seminarraum ein Moderations-Koffer befindet, lassen Sie reichlich Karten beschreiben: runde Karten mit persönlichen Erfahrungen zum Seminarthema, reduziert auf maximal drei Wörter; eckige Karten mit selbstreflexiver Einschätzung zur eigenen fachlichen Kompetenz, beschränkt auf neun Buchstaben ohne Leerzeichen; Wolkenkarten mit individuellen Gemütszuständen, gezeichnet in Piktogrammform.
Gewähren Sie fünf Minuten Zeit bis zum Anpinnen, um von Ihrem Seminarleiterplatz aus die angespannte Denkarbeit der Teilnehmenden zu verfolgen: Was um Himmels Willen soll ich schreiben? Wie schreibt man bloß Parzipization richtig? Bei wem kann ich abgucken? Muss ich nicht überhaupt dringend auf Klo?

Gehen Sie in jeder Situation davon aus, es in Ihrem Seminar mit Marsbewohnern zu tun zu haben, die zum allerersten Mal auf die fremde Welt der Pädagogik treffen. Präsentieren Sie uralte Konzepte und Ideen so, als wären sie brandneu. Begeistern Sie Ihre Teilnehmer mit Sätzen wie „Woher weiß man, was das Kind tut? Die Antwort ist – tataaa: Beobachtung!" Leiten Sie ein: „Ich möchte Ihnen nun zeigen, wie man aus banalen Kastanien und diesen Zahnstochern faszinierende Figuren bauen kann. Sie werden begeistert sein!"

Verkörpern Sie das, was Sie vermitteln. Gute Pädagogik – das sind Sie.
Nicht so gute Pädagogik? Das sind wohl die Teilnehmenden, die schließlich zu ihnen entsandt wurden, um was zu lernen.
Geben Sie Ihnen das, was jeder Sado seinen Masos gewährt: Demütigung. „So gehen Sie mit den Kindern um? Das ist für Sie ein Projekt? Sie bezeichnen es als Projektarbeit, wenn…?"
Beherzigen Sie: Am Beginn jedes echten Lernprozesses steht Scham.

Verwenden Sie wohlklingende Gruppenspiele wie World Café, Open Space, Knowledge-Café oder die Jigsaw-Methode, um ihr Teaching up to date zu machen. Sie kennen die Unterschiede zwischen diesen Methoden nicht? Nicht schlimm, die kennt niemand. Und ein Spiel gleicht sowieso dem anderen: an Tische setzen, über irgendwas reden, Plätze wechseln, wieder über was reden. Und bei der Auswertung sagen: „Gut, dass wir mal über alles geredet haben."

Lassen Sie sich nicht das Heft aus der Hand nehmen, weil „wir jetzt eine Pause brauchen". Erklären Sie, wie wichtig es ist, auch einmal etwas auszuhalten: Das verlangen wir doch auch von den Kindern! Da dürfen wir bei uns selbst nicht mit anderem Maß messen! Außerdem sind wir noch nicht so weit, wie wir laut Seminarplan sein sollten!

Bekommen Sie überhaupt schlechte Laune. Bekennen Sie offen und authentisch die Gründe dafür: Dass man Sie in diesen schäbigen Pfarrsaal des Gemeindezentrums von Obersulingen bestellt hat, um mit Steinzeit-Pädagogen noch mal bei Friedrich und Fröbel anfangen zu müssen. Dass Sie – als Autorin des vor 23 Jahren erschienenen Buches „Situative Lebensweltorientierung im alltagsbezogenen Ansatz" hier auf eine Mauer kalten Schweigens treffen, statt Dankbarkeit zu ernten. Berichten Sie, dass man Sie vor dieser Gruppe schon gewarnt habe. Verweisen Sie darauf, dass man Ihre Berichte über mögliche Komplikationen höheren Ortes erwarte.

Beenden Sie den Tag versöhnlich. Erklären Sie, dass es zu Ihrem Konzept gehöre, Emotionen auch mal hochkochen zu lassen. Überhaupt sei alles, was den Tag geprägt habe – harte Stühle, öde Spiele, leere Karten, kalter Kaffee –, absichtsvoll so arrangiert worden, um den Teilnehmenden den Perspektivwechsel in die Rolle der Kinder zu erleichtern, die auch nicht immer auf Rosen gebettet sind. Wünschen Sie den Damen und dem Herrn abschließend viel Erfolg auf dem nun vor ihnen liegenden Weg, auf dem sie Ihre Vorschläge in die Praxis umsetzen. Sammeln Sie die Evaluierungsbögen ein, die – als Gegenleistung der Teilnehmenden für „eine halbe Stunde früher Schluss" – positiver als gedacht ausfallen, stöpseln Sie den Beamer ab und eilen Sie dem nachmittäglich verwaisten Obersulinger Bahnhof entgegen…

SELBSTTEST:
BRAUCHE ICH FORTBILDUNG?

Mindestens fünf sichere Anzeichen für…
…die Notwendigkeit, sich mal wieder fortbilden zu lassen:

☐ Das Ringbuch, in dem ich meine Fortbildungsunterlagen aufbewahre, lässt sich aufgrund starken Spinnenbesatzes nicht mehr öffnen.

☐ Jüngere Kolleginnen lehnen mein Angebot, meine Fachbuchbibliothek zu nutzen, mit dem fadenscheinigen Argument ab, sie könnten „diese komische Fraktur-Schrift nicht lesen".

☐ Wenn ich beim Morgenkreis sage: „Heute wollen wir mal etwas Spannendes machen", dann holen die Kinder alle für mein Angebot benötigten Dinge und fangen ohne weitere Erklärungen an.

☐ Während eines besonders aufwändigen Bildungsangebots besuchen uns mehrere Herren in Sakkos und stellen sich als hochinteressierte Mitarbeiter der örtlichen Denkmalschutzbehörde vor.

☐ Während die Eltern mit Lob für meine Arbeit geizen, sind die alten Leutchen beim Oma-Opa-Tag hellauf begeistert.

☐ ～～～～～～～～

☐ ～～～～～～～～

☐ ～～～～～～～～

5. Reisetag:

Über Krankheit, Angst und Sorge

Entdecke beim Bummel durch Pädagogiens lebendige
Hauptstadt ein Schaufenster mit dem verheißungsvollen
Werbespruch „Wir haben Hand-Fuß-Mund". Betrete den
Laden und erkundige mich nach diesem Produkt. Erfahre,
dass der Aushang veraltet sei. Statt Hand-Fuß-Mund
habe man nun Meningokokken und Kopfläuse im Angebot.
Äußere zurückhaltend, mir den Kauf noch einmal überlegen
zu wollen.

PÄDAGOGISCHE KRANKHEITEN

„Rota und Varizella, ihr steckt mal wieder alle anderen mit diesem Quatsch an! Könnt ihr bitte den kleinen Noro durchlassen? Der möchte sich schließlich auch mal ausbreiten!"

Nein, als Pädagoge hat man es nicht leicht mit all diesen quirligen Wesen, die ständig etwas von einem wollen – zum Beispiel einen gemütlichen Mehrtagesaufenthalt in diesem oder jenem Körper. Und doch sind es nicht die heftigsten Malaisen, die wir dieser Bande verdanken, wie ein Blick in das folgende pädagogische Medizinbuch verrät.

VORBEREITERITIS

Schon Tage vor bedeutenden Ereignissen – eine Mehrfach-Prüfung, ein offenes Angebot im Bauraum – befällt den Betroffenen hektische Unruhe, die ihn zu ausschweifenden „Planungen" veranlasst. Er malt sich das bevorstehende Ereignis bis ins kleinste Detail aus und notiert sich geradezu zwanghaft Handlungsmöglichkeiten, um gefährliche Angreifer – zum Beispiel Kinder, die nicht mitmachen wollen – in den Griff zu kriegen. Ergebnis ist ein Gedankengebäude, das minutiös geplante Phasen eines fiktiven Ablaufs enthält, von dem der Erkrankte glaubt, ihn in die Realität umsetzen zu müssen.

Erfolgen am entsprechenden Tag auf verbal geäußerte Symptome wie „Ich habe mir heute für euch etwas Tolles ausgedacht" die üblichen gelangweilten Reaktionen, gipfelt das zwanghafte Verhalten bisweilen in niveau- und effektarmen Unmutsbekundungen des Betroffenen: „Ich möchte aber, dass ihr…!"

Leider gelingt es nur wenigen an Vorbereiteritis Erkrankten, diesem Teufelskreis aus Planungswahn und Misserfolg zu entfliehen.

Wir haben uns heute – hallo – vorgenommen …

VERBOTULISMUS

Gerade im Kindergarten- und Krippenmilieu siedelt dieser Erreger, der oft von langzeitinfizierten Trägervertretern oder anderen Vorgesetzten eingeschleppt wird und sich über ungefährlich wirkende „Rundschreiben" verbreitet. Alles, was nützlich, lustig oder vertraut ist, kann nun vom Erreger besiedelt werden, woraufhin es als „verbotswürdig" wahrgenommen wird. Immer wieder wird darauf hingewiesen, dass die Krankheit an unterschiedlichsten Orten ausbricht: Manchmal werden Hochebenen ohne Fall-, Wurf- und Sichtschutz vom Verbotsvirus befallen, aber auch Teelichter, Garderobenhaken, Heißgetränke, Specksteine, Turnschuhe mit schwarzen Sohlen, Bifis, Powerranger oder selbstgebissene Brot-Pistolen bleiben nicht verschont.

SOZIALWISSENSCHAFTITIS

Weitestgehend unbemerkt verläuft die Inkubationszeit dieser Viruserkrankung, die sich viele Betroffene wohl im Zusammenhang mit einer Immatrikulation zuziehen, etwa an einem harmlosen Sozialwissenschafts-Institut. Lediglich der zunehmende Gebrauch von unverständlichen Fachtermini fällt auf und irritiert oder begeistert – je nach Gesprächspartner – die Umwelt, die nicht ahnt, dass sich hinter der siebengescheiten Maskierung längst ein irrsinniges Parallel-Weltbild entwickelt hat, die sogenannte „Pädagogik".

In der endemischen Phase überfällt der Erkrankte harmlose Kindergärten, traktiert die Teams mit bizarren Schaubildern oder Erklärungsmodellen und zwingt sie schließlich, seinen schlimmsten Wahngebilden zu folgen, zum Beispiel dem „mehrstufigen Beobachtungsverfahren nach XYZ". Manche Teams gehen zum Schein darauf ein, obwohl sie sich auf diese Weise dem Risiko einer Erkrankung aussetzen.

MORBUS „BEI-DENELTERN-KEINWUNDER"

Franz Bei-Deneltern und Richard Keinwunder gelten als Erforscher dieser skurrilen Erkrankung. Von ihr Befallene sind von der Vorstellung geradezu besessen, dass menschliche Verhaltensweisen, sofern sie negativ sind, ausschließlich durch Eltern weitergegeben werden. Sozial erwünschtes Verhalten hingegen weisen Menschen nach der Infektion durch einen besonders guten Pädagogen auf.*

Die Betroffen dieser sehr ernst zu nehmenden Erkrankung imaginieren, dass es nur zwei Fälle gibt, in denen dieses Übertragungsmuster nicht zutrifft: Sie selbst waren offenbar dagegen immun, von ihren ebenfalls betroffenen Eltern genetisch oder auf andere Weise beeinflusst zu werden. Bei ihren eigenen Kindern zeigt sich der sonst festgestellte Effekt in völlig atypischer Weise: Obwohl von den Eltern positiv vorgeprägt, wurden sie von Pädagogen gefährlich verformt: Bei den Erziehern kein Wunder!

Siehe auch: Wirkeritis.

KINDHEITS-ALZHEIMER

Wie alle Formen dieser Demenz-Erkrankung löscht auch Kindheits-Alzheimer das Erinnerungsvermögen der Erkrankten partiell aus. Betroffen ist davon vor allem der Unarto-Campus, in dem die nicht erwachsenenkonformen Kindheitserinnerungen gespeichert sind, während der Bravi-Campus kaum beeinträchtigt wird. Das führt dazu, dass dem Erkrankten eher kritische Kindheitsmomente – die Kaffeetafel bei Tante Olga fürchterlich

...doch mal das Jugendamt einschalten!

beklreckert, in der Disco besoffen rumgetaumelt, komatös desinteressiert in Physik-, Chemie- und Geschichtsstunden, Popel ungut verklappt – komplett verloren gehen und vom Gehirn heimtückisch durch Versatzstücke aus Fünfzigerjahre-Filmen ersetzt werden: glückliches Weihnachten trotz eines holzscheitartigen Geschenks, freiwillige Übernahme des Bügel-Diensts, engagierte Mitarbeit in allen Fächern... Mit Stoßseufzern wie „Wird immer schlimmer!", „Wir waren da gottlob anders!" und „Das hätte es damals nicht gegeben!" kaschieren die Betroffenen schamhaft ihre Krankheit.

MORBUS „WASSAGENDIEELTERNDAZU"

In alltäglichen Momenten des Pädagogenlebens – etwa dem Planen eines Angebots oder im Gespräch mit einem Kind – schießt dem Erkrankten plötzlich ein hochviraler Gedanke durch den Kopf: Was sagen die Eltern dazu? Ergebnis sind spontane Lähmungserscheinungen und das sofort eintretende Gefühl starker Handlungsunfähigkeit. Der betroffene Pädagoge wird träge und fachlich langweilig.

Glaubte man früher, die Krankheit entstünde aufgrund tatsächlicher Konfliktmomente mit Eltern, weiß man heute: Das Gegenteil ist der Fall. Gerade schwer erkrankte Kolleginnen oder Kollegen werden von Eltern – wenn überhaupt – nur als Randerscheinungen wahrgenommen und deshalb nur äußerst selten zum Gegenstand irgendeines Kommentars.

STUDIENRATOPHRENIE

Diese wahnhafte Störung tritt in Kindergärten fast nie auf und befällt in Schulen ausschließlich Lehrer, kaum Erzieherinnen. Ungünstige Lebensumstände – sogenannte Referendariate – sind die Ursache, dass der Lehrer sich schon kurz nach der Erkrankung einbildet, nicht mehr er selbst, sondern eine sogenannte Respektsperson zu sein. Um diesem Wahnbild zu entsprechen, trägt er immer häufiger farb- und konturlose Bekleidung, lacht selten, äußert sich über Persönliches nur noch einsilbig und lässt sich siezen – merkwürdigerweise kaum von Erwachsenen, sondern von Kindern, den geborenen Duzern. Wie tief die Krankheit die Persönlichkeit verändert, beweist der Gebrauch des eigenen Vornamens. Schon nach kurzer Zeit hört der oder die Betroffene nicht mehr auf „Marcel" oder „Annegret", sondern behauptet steif und fest, sein Vorname sei „Frau" oder „Herr".

WIRKERITIS

Der von dieser verbreiteten Pädagogenkrankheit Befallene möchte anderen Menschen unbedingt etwas mitgeben. Unbewusst bildet er dafür in seinem inneren Wertesystem sogenannte Überzeugungen aus, die für sich genommen harmlos und sogar produktiv nutzbar sein können, in ihrer Gesamtheit aber ein toxisches Gemenge ergeben. In der Ausbruchsphase der Krankheit kommt es nicht selten vor, dass der Pädagoge harmlose Kinder von elf, fünf, eineinhalb oder auch 48 Jahren packt, ihnen fest ins Auge sieht und sagt: „Ich möchte gern, dass du lernst…"
Chronische Fälle lauern früher betreuten Kindern im Erwachsenenalter auf, um ihnen wohlwollend auf die Schulter zu klopfen: ==„Das hast du bei mir gelernt, mein Freund!"==

Genau!!!

SCHMÜCKWUT

Von der Volkskrankheit Schmückwut Betroffene fühlen sich durch alle Formen undekorierter Flächen aufs Äußerste provoziert. Charakteristisch für die Krankheit sind hektische Fingerbewegungen, mit denen harmlose Papierreste zu spinnenartigen Papiernetzen, den „Fensterbildern", verarbeitet werden, die bald ganze Fensterfronten überwuchern. Schwerer Erkrankte überziehen alle Wände mit farbigen Disney-Märchenfiguren. Forscher überprüfen derzeit, ob die an sich harmlose Krankheit möglicherweise Auslöser für ein weit gefährlicheres Leiden sein könnte: den Augenkrebs.

REPORTAGE: DEUTSCHLAND IM INKLUSIONSFIEBER

Wie Achtziger ist das denn? Ausschließlich exklusive Kleidung tragen, exklusive Reiseziele ansteuern und alles mit der mega-exklusiven Spezialkreditkarte bezahlen... Zeitgemäße Hipster-Bildungsfans folgen inzwischen längst dem umgekehrten Trend: Inklusion heißt das Zauberwort, das Bürgermeistern, Bildungspolitikern und Eltern ein Lächeln auf die Lippen inkludiert. „Schon gehört das Wort, sagt mir aber nichts" – wer immer so dachte, wird durch den folgenden Text in die Gemeinschaft der Wissenden inkludiert.

„Inklusion heißt, dass alle Menschen unterschiedlich sind und ihre ganz eigenen Wege gehen, die jeweils anders aussehen", referiert Kitaleiter Fritz Frantz. „Oder wie ich immer sage: Jeder ist anders! Nicht wahr?" Aus diesem Grunde, berichtet der hochqualifizierte Pädagoge, nehme seine Einrichtung seit dem 1. Mai keine eineiigen Zwillinge mehr auf, denn deren absolute Gleichheit „verstößt ja nun gegen jedes Inklusionsverständnis".

„Für uns ist Inklusion wirklich nichts Neues", postuliert Oberrat Mimpfldoser vom Oberfränkischen Freistaatserziehungsministerium und erklärt noch einmal die Vorreiterrolle seines Landes in Bezug auf das neue Motto: „In unseren Förderschulen lernen ganz unterschiedliche Kinder seit jeher miteinander – zum Beispiel behinderte deutsche Kinder mit nichtbehinderten Kindern nichtdeutscher Herkunft." Zudem begreife man den Grundsatz großräumiger: „In unseren Kommunen dürfen Schulen unterschiedlicher Ausprägung seit jeher nebeneinander existieren. Wichtig ist natürlich, jeder Einrichtung ihr dringendes Bedürfnis zu erfüllen – nämlich passende Kinder aufzunehmen. Unser Gymnasium zum Beispiel braucht eben die Schlauen wie der Krüppel die Krücken. So einfach ist das!"

„Inklusion bedeutet, dass jeder auf seine Art und Weise lernen kann, weil der Lehrer mit unterschiedlichen Lörning-Steils arbeitet, was übrigens aus dem Englischen kommt, Herr Autor, und deswegen komplett anders geschrieben wird. Schreiben Sie diesen Text über Inklusion eigentlich als Betroffener? Jedenfalls", belehrt mich Studiendirektor Horst Hühnerbusch, „arbeite ich deswegen mit unterschiedlichen, speziell auf die Bedürfnisse der Kinder abgestimmten Lern-Arrangements – je nach Lerntyp. Da gibt es die Gesprächsgruppe vor meinem Pult, auf die Bedürfnisse begabter Schüler abgestimmt, die den Lernstoff gern auf auditivem Wege vermittelt bekommen. Dann gibt es die hinteren Sitzplätze, auf denen die Schüler vom Lerntyp der Faulenzer so arbeiten können, wie es ihnen entspricht – nämlich gar nicht. Und dann ist da noch der Lerntyp der Taugenichtse, für den ich ein speziell konzentrationsförderndes Setting in dem kleinen Vorraum des Hausmeisterzimmers..."

„Inklusion meint, dass alle Kinder – unabhängig vom Grad ihrer Behinderung – die gleichen erforderlichen Hilfen vorfinden. Niemand soll es aufgrund seiner Probleme schlechter haben als ein..., ein nichtinklu..., ein exklusives..., also ein ganz normales, anstän... Egal, Sie wissen schon. Um das gemäß dem Motto unserer Kommune ‚Geld sparen in allen Haushaltsbudgets außer beim Bau der Bürgermeister-Dechtermann-Gedächtnismehrzweckhalle' umzusetzen, mussten wir wenig tun", erklärt Bürgermeister Dechtermann, „da unsere Kitas und Schulen in einem so desolaten Zustand sind, dass sie für Behinderte wie Nichtbehinderte eine totale Zumutung sind. Das schafft ein hohes Maß an

Gerechtigkeit", freut sich der rührige Kommunalpolitiker und fragt: „Wollen Sie mal eine richtig geile Mehrzweckhalle sehen?"

„Stichwort Inklusion – da fällt mir eine hochinteressante Begebenheit ein", sagt Dietrich Wolfshagen und erzählt, dass er nach gut 50 Jahren den Ex-Klassendeppen Siggi Schacke kürzlich auf der Straße traf. „Da fragt der Siggi mich natürlich sofort, was ich aus mir und meinem Leben gemacht habe. Was richtig Tolles, vermutet er. Ich nicke und fasse kurz zusammen: erst Anwalt, dann zehn Jahre Unternehmensberater, Vorstandsvorsitzender bei MegaPoops, sieben blutjunge Ehefrauen, Golf-Vizeweltmeister, Homestory im Manager-Magazin, Mehrfach-Millionär... Und du?" frage ich den Siggi.
Sagt der Siggi: „Tja, angefangen hatte ich damals als Hilfsschüler. Schon Mitte der Siebziger wurde ich zum Sonderschüler befördert. In den späten Achtzigern kam mein Aufstieg zum Ex-Förderschüler. Die Jahre als Verhaltensorigineller habe ich wirklich in guter Erinnerung. Heute bin ich endlich, was ich eigentlich schon immer war: Ex-Inklusionskind. Nur eines habe ich nie geschafft: einen richtigen Job zu kriegen. Dafür hat es dann doch nicht gereicht..."

„Integration war als Wort einfach diskriminierend", erklärt Frau Dr. Sybille Steiner, die Bundesbeauftrage für verbale Antidiskriminierung, „und deswegen wurde die Sache umbenannt. Aber es gibt noch eine Menge zu tun: Integralrechnung wird ab August zur Inkludalrechnung, also die Rechnung mit Zahlenmengen, zu denen alle irgendwie dazugehören und gleich viel wert sind. Der kopftuchtragende Integrationsverweigerer wird natürlich zum Inklusionsverweigerer, was ihn, weil er dann ja bedingungslos dazugehört, bestimmt richtig fuchst. Der Vorwurf, sich nicht in die Gruppe zu integrieren, wird zur freundlichen Aufforderung: Inkludier dich bitte! Das klingt doch viel motivierender. Nur eins bleibt wohl", schließt Sybille Steiner ihre Ausführung, „so wie immer: Intrigant bleibt Intrigant!"

„Inklusion sollen wir jetzt machen", stöhnt Gitti aus der „Zwergenbaude",
„aber was ist das?"
Gabi überlegt: „Hat bestimmt was mit All inklusive und Drinks ohne Ende zu tun.
Heute sagen die dazu aber Flätt-Räit."
„Wie bitte?" fragt Gitti.
„Weißt du doch! Nur einmal bezahlen und dann alles wegzischen. Bis an die Kotzgrenze",
erklärt Gabi.
„Ach so!" Gitti versteht. „So was Ähnliches hat unser Jugendamtsleiter auch vor:
Einmal bisschen was zahlen und dann alle reinstopfen. Bis die Kita platzt."

„Inklusion heißt: Alle sind eingeschlossen", weiß Opa Norke, der kein neues pädagogisches Prinzip für die Erziehung seiner Enkel unausprobiert lässt, dreht alsdann den Schlüssel der Geräteschuppentür von außen um, überhört das ohnehin bald nachlassende Gepolter hinter der Tür und gibt sich auf der Hollywoodschaukel entspannt dem Genuss diverser alkoholischer Erfrischungsgetränke hin. Dabei grinst er mich spitzbübisch an und sagt:
„Warum immer so kompliziert denken?"

Im Grunde sinds ja nette kerle ...

RATGEBER:
PIMP YOUR TEAMKLIMA

Wie gut ist Ihr Teamklima?

„Wir sind wie eine große Familie, die durch dick und dünn geht",
verkünden manche Leute.

Nun gut, große Familien kennt man von Omis Neunzigstem:
Die stets sauertöpfische Tante Helga. Das schusselige Familien-
oberhaupt, das keiner ernst nähme, besäße es nicht das dickste
Portmonee. Der verlachte, verhuschte, von niemandem akzep-
tierte Schwiegersohn, die verzogene und dem Laster verfallene
Nichte Jessica, Heini mit den schlüpfrigen Witzen und Mutti
Renate, die jeden totquatscht, der nicht bei drei auf den Bäumen
ist. Solch eine herrlich zerstrittene, verkrachte, unerträgliche
Bande wollen Sie auch sein? Dann beherzigen Sie die folgenden
Ratschläge, die aus langweiligen „Och, mir geht's gut"-Team-
mitgliedern endlich das machen, was alle schon mal sein wollten:
Darsteller in einer turbulenten Vorabend-Soap!

Beachten Sie vorab: Ihr Arbeitsplatz befindet sich im sozialen
Bereich.

Früher bedeutete „sozial" etwas ziemlich Ödes: Immer nett sein
und die Schokolade gerecht aufteilen. Immer fragen, wie es den
anderen geht, und bei „Nicht so gut" Anteilnahme heucheln.
Heute wird „sozial" zum Glück anders definiert – dank „sozialer
Netzwerke". An deren Umgangston können Sie sich orientieren:
Einfach mal ungeniert und ohne langes Abwägen seine Meinung
posten. Einzelne Kolleginnen blocken. Knallige Fake-News ver-
teilen. Untergruppen bilden, zum Beispiel die „Wer findet auch,
dass die dicke Dagmar das Team stört"-Gruppe.

Sorgen Sie für ein gutes Miteinander, indem Sie Teamregeln
festlegen. Eine passende Regel wäre beispielsweise: Reden Sie
nie in Abwesenheit einer dritten Person über sie! Wählen Sie
stattdessen die höflichere Alternative und beziehen Sie die dritte
Person ein, um ungeniert über die vierte – Leiterin Susi oder
Leitungsstreberin Silvie – herzuziehen.

Erkennen Sie – wie alle erfolgreichen Teams – die Unterschied-
lichkeit Ihrer Mitglieder als Chance. Gerade Zweier-Teams tut
es gut, wenn man sich ergänzt, statt in allem gleich zu sein.
Leben Sie Ihre Unterschiede aus: Helga kann gut Regeln einfor-
dern, und Holger fällt es leicht, alle fünfe gerade sein zu lassen.
Gaby sorgt mit leiser, tiefer Stimme für Ruhe, Herta kann
mit lauter, schriller Stimme Chaos aus dem Nichts erschaffen.
Michaela gelingt es, morgens als erste da zu sein. Sarah fällt das
schwer, aber dafür ist sie nachmittags als erste weg.

Erleichtern Sie sich, das baut Druck ab. Schon seit Kinderta-
gen wissen Sie: Es gibt nur wenige Menschen, denen man alles
so ungescheut anvertrauen kann, wie die eigenen Eltern. Ihre
beiden älteren Leutchen aber wollen von Themen wie der unge-
rechten Verteilung der Pausenzeiten oder berechtigter Kritik
an Frisur und Piercing der neuen Kollegin nichts mehr hören?
Kein Problem, stehen Ihnen doch in der Bringe- und Abholzeit
gleich 40–50 neue Elternteile zur Verfügung, die bereit sind,
Ihre Informationen aufzunehmen! Machen Sie frühzeitig davon
Gebrauch, denn: Die anderen Kolleginnen könnten Ihnen zuvor-
kommen.

Begreifen Sie Offenheit und Ehrlichkeit als Basis für ein gutes
Teamklima. Stehen Sie zu Ihrer Meinung, bereichern Sie das
Team mit Ihrem Wissen. Zum Beispiel jetzt, im vertrauten
Gespräch mit der Chefin: „Wenn Sie meine ehrliche Meinung
wissen wollen: Silvie sollte rausfliegen! Offen gesprochen: Ich
weiß Sachen über die…"
Natürlich müssen Sie die gleiche Offenheit Ihrer Kollegin gegenüber beweisen, auch wenn das hart sein kann: „Silvie, willst du
meine ehrliche Meinung hören? Ich glaube, die Chefin ist in
irgendwelche Intrigen gegen dich verstrickt. Schlimm!"

Übertreiben Sie das mit der Offenheit nicht – wegen der dra-
maturgischen Spannung. Wie der Sonntagabend-Krimi und die
erste Liebe lebt auch das Teamklima vom richtigen Mix aus Vor-
ahnung und zarten Andeutungen. Bereichern Sie Team-Runden
durch häppchenweise dargebotenes Geheimwissen über einzelne
Teammitglieder. Sorgen Sie für pädagogisch hochwirksamen
Rätselspaß, indem Sie raunen: „Man sagt, manche Kolleginnen
– ich nenne keine Namen – nehmen es mit der Dienstauffassung
nicht allzu ernst. Ich könnte da, offen gesagt, Dinge berichten…
Aber Ihr versteht: Kollegialität ist mir wichtig, selbst wenn es
um Betti… äh, um betreffende Kolleginnen geht…"

Wenn Sie Kritik ernten: Seien Sie nicht gleich eingeschnappt
und bereuen das wenig später schon wieder. ==Echtes Belei-
digt-Sein verzichtet auf Schnelligkeit, sondern fühlt sich dem
angesagten Konzept der Nachhaltigkeit verpflichtet: Was ich
heute tu, hat noch in 20, 30 Jahren Wirkung.==
Erfahrene Mitglieder starker Teams wissen um diesen Schatz,
den sie durch alle Zeitläufte sorgsam hegen und pflegen. „Ich
soll mit Dagmar zum Spielplatz gehen?" fragen sie brüskiert
und setzen nach: „Mit dieser Frau, die mich vor versammelter
Mannschaft angemotzt hat, am 11. Februar 1972? Never!"

Tragen Sie, wenn möglich, Konflikte niemals vor den Kindern
aus! Wenn es doch passiert, dann erklären Sie den Kindern an

Merke!

diesem Beispiel, wie Konflikte entstehen. So erleben die Kinder, dass auch Erwachsene sich manchmal im Ton vergreifen – wie Birgit! –, nicht immer Recht haben – wie Birgit!! –, und trotzdem ganz schön bockig sein können – wie Birgit!!! – aber der Klügere nachgibt – wie Sie! – und die Dümmere – abermals Birgit! – schon merken wird, was sie – Birgit!!! – davon hat.

Holen Sie sich professionelle Unterstützung, wenn Sie beim Thema „Mobbing" mal nicht weiterkommen. Haben Sie keine Angst vor dem Ich-Botschaften-Vereinbarungs-Onkel, der die Moderationswand mit roten eckigen und gelben runden Kärtchen bestückt, denn die folgende Regel stimmt immer: „Nickt der Teamcoach interessiert, mobbt es sich ganz ungeniert!" Nicken auch Sie interessiert bei seinem Satz „Wir verabreden hiermit, dass alles Gesagte in diesem Raum bleibt". Starten Sie zugleich Ihre gehirneigene Sprachnotizfunktion, denn: Man kann doch alles irgendwann verwenden!

Selbstbewusste Teams zeichnen sich dadurch aus, dass ihre Mitglieder fähig sind, zu den eigenen Stärken und Schwächen zu stehen. Zeigen Sie in passenden Momenten, was Ihre Persönlichkeit ausmacht: Stehen Sie ehrlich zu Ihren Schwächen – „Ich fühle mich so unsicher beim Müllrausbringen, deswegen brauche ich da Hilfe" –, aber gehen Sie offen mit Ihren Stärken um: „Habt ihr ein Glück, Kinder, dass ihr bei der nettesten Erzieherin des Kindergartens seid!"

Mach ich eh so!

Immer mal wieder ist Demut angebracht. Wer von sich denkt, im Team unersetzbar zu sein, überschätzt sich und die eigenen Kräfte. Zugleich unterschätzt er womöglich die Kolleginnen. Zeigen Sie, dass Sie nicht unentbehrlich sind, indem Sie montags, wenn es immer so stressig ist, ab und an fehlen. Bleiben Sie auch dem langen Donnerstag, an dem die Elterngespräche in Ihrer Gruppe stattfinden, und auf jeden Fall dem verdammten Sommerfest fern. Sitzen Sie stattdessen im Garten, im Fernsehsessel oder auf Menorca. Freuen Sie sich, dass Ihr Team nach und nach begreift: Ohne Monika geht die Welt nicht unter!

So gut Ihr Team auch ist – nichts bleibt bis in alle Ewigkeit. Haben Sie keine Angst vor dem Neuen. Gehen Sie offen und gradlinig darauf zu! Sehen Sie ihm mutig ins Gesicht! Und sagen Sie ehrlich: „Wenn du denkst, Neuer, dass sich hier irgendwas ändert, weil du jetzt bei uns arbeitest – vergiss es!"

SELBSTTEST:
HABE ICH TEAMPROBLEME?

Mindestens fünf sichere Anzeichen für…
… Probleme in meinem pädagogischen Super-Team:

☐ Mobbing gibt es bei uns nicht, sagen alle – außer der dicken Barbara. Aber wer hört schon auf dieses Opfer?

☐ Nach Jahren der Zusammenarbeit verstehen wir uns ohne Worte. Nur wenn jemand doch mal den Mund aufmacht, gibt's Stress.

☐ Unsere Teamsitzungen finden neuerdings im Rollenspielraum statt. Ist praktisch, denn dort liegen diese Wikingerhelme bereit, wenn es mal dynamischer wird.

☐ Eigentlich ziehen wir alle an einem Strang. Besser gesagt: an dem Seil, der an dem Ast hängt, auf dem unsere Leiterin noch sitzt.

☐ Statt „Star Wars" spielen die Kita-Kinder seit kurzem ein selbst erfundenes, aber leider noch brutaleres Kampfspiel: „Team Wars".

☐ ~~~~~~~~~~~~~~~~~~~~~

☐ ~~~~~~~~~~~~~~~~~~~~~

☐ ~~~~~~~~~~~~~~~~~~~~~

6. Reisetag:

Zwischen Machthabern und Rechthabern

Hoffte bisher, in eine bessere, gerechtere Welt geraten zu sein. Leider vergebens. Erfahre, dass die Pädagogier verschiedenen Kasten angehören, die einander verachten, was das Zeug hält. Eines Tages sprach ich mit einem freundlichen Weiblein, das der Kaste der Erzieherinnen angehört. Deren Worte soll man nicht für voll nehmen, riet mir wenig später ein Mann aus der Kaste der Grundschullehrer. Ein Oberstudienrat erklärte mir schließlich, man könne keinem der beiden trauen, denn von ihrer niedrigen Warte aus übersähen sie nur einen kleinen Teil jener Welt, die er zur Gänze im Blick habe. Als ich mich anschickte, eine vorbeikommende Dame respektvoll zu grüßen, empfahl er mir, das lieber bleiben zu lassen, da die Unglückliche eine Angehörige der allerniedrigsten Kaste sei – der Sozialassistenten. Man erkenne sie an den Windeleimern, die sie häufig mit sich tragen. Ob dieser bärtige Herr ebenfalls ein solch Unberührbarer sei, fragte ich und wies auf einen Tonnenträger. „Um Gottes Willen", flüsterte mir der Oberstudienrat zu, „das ist eine Art höheres Wesen, vor dessen Macht sich alle fürchten: ein Hausmeister."

DER SICHERHEITSBEAUFTRAGTE

Er hat Leben gerettet, aber interessiert hat das niemand. Dabei verdanken nicht ein oder zwei, sondern mindestens 80 Millionen Deutsche ihm, dass sie noch putzmunter und auf dem Posten sind, statt der gefährlichen Massen-Murmel-Verschluckung oder einem Großbrand, den unsachgemäß ins Treppenhaus gehängte Pappmaschee-Skulpturen verursachten, zum Opfer gefallen zu sein. Von beiden Katastrophen haben Sie noch nie gehört? Kein Wunder! Allein aufgrund des Wirkens dieses stillen Helden ereigneten sie sich nämlich nicht.

Ja, von Ministerialrat Ernst-Otto Kleinmeyer ist die Rede, oberster Hygiene- und Sicherheitsbeauftragter für Schulen und Kindergärten. Nach unzählbaren Dienstjahren blickt er nun dem wohlverdienten Ruhestand entgegen – und zurück auf Millionen Sicherheitsprüfungen von Kleinkindspielmaterialien, Schulfluren, Kitafoyers, Gartenspielgeräten, kurz: auf all die Gefahrenquellen in der nur scheinbar harmlosen Umwelt Pädagogiens.

In diesem Exklusiv-Interview kommt der Held zu Wort.

Interviewer *(ölig):*

Lieber, verehrter Herr Kleinmeyer, zunächst möchte ich Sie in unseren Redaktionsräumen begrüßen und Ihnen alles Gute für den kommenden Lebensabschnitt wünschen – natürlich vor allem jede Menge Sicherheit.

Kleinmeyer *(sich die vom Interviewer geschüttelte Hand sorgfältig mit einem Hygienetuch außen, innen und zwischen den Fingerwurzeln reinigend):*

Danke! Schießen Sie los mit Ihren Fragen, sofern – hehe, kleiner Scherz – sofern sie abgerundete Spitzen haben.

Interviewer *(lacht beifällig):*

Jeder weiß, dass Specksteine hochgefährlich sind, dass in Schulfluren angebrachte Klassensätze von Schultütenbildern besser Brandlast hießen und dass als Spielräume genutzte Garderoben von einer Sekunde zur anderen zu Todesfallen werden können. Mit all diesen Regelungen haben Sie in Ihrer langen beruflichen Laufbahn die Arbeit unzähliger Kindergärten und Schulen geprägt. Dennoch fanden Sie dafür nie die Ihnen gebührende Beachtung. Ist es ein Rückblick im Zorn, jetzt kurz vor der Rente?

Kleinmeyer *(jovial):*

Wo denken Sie hin! Als Sicherheits-Vordenker erwarte ich keine Lorbeeren wie die Damen und Herren Montessori und Steiner. Mir reicht es zu wissen: Wir Sicherheitsmenschen haben die pädagogische Arbeit mehr geprägt und verändert als all die Konzepte der letzten 50 Jahre.

Interviewer:

„Pädagogik prägen" – das klingt für viele Menschen aus Ihrem Mund wahrscheinlich ungewohnt. Haben Sie ein pädagogisches Credo, das Ihr Handeln leitete?

Kleinmeyer:

Wissen Sie, eigentlich passen die meisten bekannten Leitsätze zu meinem pädagogischen Credo, wenn man sie in Richtung Sicherheit abwandelt. Viele sagen ja: Bei uns steht das Kind im Mittelpunkt. Ich sage: Bei uns steht das Kind zwar ziemlich zentral, aber nicht unbedingt in der Mitte, wo man schnell umgerannt wird. Die „vorbereitete Umgebung" bejahen wir auch – oder ist das Wegräumen gefährlicher Dinge etwa keine Vorbereitung?

Gewiss: Anfangs hatten wir an ein eigenes Credo gedacht, etwas in der Art, wie es unsere unlängst verstorbene verehrte Kollegin Klefinghaus so treffend formulierte: „Kinder sind das wertvollste Geschenk des Lebens. Und wertvolle Dinge verdienen besonderen Schutz. Zum Beispiel in einer gut gesicherten Vitrine."

Interviewer *(leicht irritiert):*

Klingt spannend. Geben Sie uns bitte einen Einblick in typische Projekte Ihres Aufgabenbereichs.

Kleinmeyer:

Ein hochsensibler Punkt sind zum Beispiel die Jahreszeiten – allen voran der Herbst mit der ständigen Gefahr herabfallender Kastanien, die kaum schnell genug mit dem stets mitzuführenden Normschlund auf ungefährliche Größe überprüft werden können. In dieser Sache müsste die EU meines Erachtens dringend etwas unternehmen...

Nur gut, wenn diese riskante Jahreszeit vorbei ist, könnte man sagen – wäre da nicht der Winter mit der Brandgefahr durch Kerzen oder überhitzende Lichterketten und dem Schnee, den ich persönlich als Fußbodenbelag im Außenbereich niemals zulassen würde. Aber das wird ja andern Ortes entschieden, leider.

Apropos Fußbodenbelag: Bei zuständigen Landschaftsgestaltern hat sich immer noch nicht herumgesprochen, dass es eine gefährliche Unsitte ist, Freiflächen im Frühling und Sommer durch Bewuchs in Stolper- und Verhakfallen zu verwandeln. Zudem entsteht gerade in diesen Zeiten durch Regen ein gefährlicher Schmierfilm auf dem Boden, und übertriebener Sonnenschein kann schwere Brände verursachen, zum Beispiel Sonnenbrand. Insofern fallen diese beiden Jahreszeiten für eventuelle Gänge nach draußen leider aus. Oder wären Sie bereit, solche Risiken zu verantworten?

Interviewer *(keck):*

Nun klagen manche Kolleginnen, dass die Vorschriften für geeignetes Material sehr streng seien: Alles, was kleine Kinder gern anfassen, ist verboten...

Kleinmeier *(nachsichtig):*

Alles verboten? Das halte ich für maßlos übertrieben. Ich beziehe mich mit meinem Regelwerk lediglich auf einige wenige Gefahren wie die des Verschluckens. Alle Dinge, die so klein sind, dass man sie in den Mund stecken und schlucken kann, fallen natürlich für Krippenkinder aus. Problematisch sind auch Gegenstände, die zwar zu groß zum Verschlucken sind, aber leicht zerkleinert werden können. Es muss verhindert werden, dass Kinder nach unbeabsichtigtem Zertrümmern entstandene Kleinteile verschlucken.

Das war's auch schon mit den Verboten – mit einer Ausnahme: Dinge, die zwar zu groß zum Verschlucken sind, aber nicht zerkleinert werden können, gehören ebenfalls nicht in Kinderhände, denn sie können leicht zu gefährlichen Wurfgeschossen oder Schlagkraftverstärkern werden. Ansonsten ist wirklich alles erlaubt.

Interviewer *(sensationslüstern):*

Bestimmt haben Sie bei Ihren Besuchen in den Einrichtungen schon haarsträubende Geschichten erlebt, die Sie unserer Leserschaft nicht vorenthalten möchten…

Kleinmeier *(sich zunehmend erregend):*

Ja, man erlebt so allerlei. Es sind nicht nur die Spielmaterialien, die von Kleinkindern in den Mund genommen oder gar verschluckt werden. In einer Kinderkrippe begegnete mir eine ältere Kollegin, deren Gebiss so schadhaft war, dass das Herausfallen von Zahn- oder Zahnersatzteilen nur eine Frage der Zeit war. Stellen Sie sich das vor: bakterienverseuchte Kleinteile, in Reichweite der Kinder. Tickende Zeitbomben!

Aus sozialen Gründen entschieden wir mit der Leitung, die Kollegin in der Einrichtung zu belassen – vorausgesetzt, sie halte den Mund geschlossen. Sie war froh und artikulierte die Morgenkreislieder nach einiger Übung fast deutlicher als manche jungen Kolleginnen…

Apropos: Gerade jüngere, oft schmaler angelegte Kolleginnen, vor allem aber die wenigen jungen Herren in Kindereinrichtungen erweisen sich in der Praxis oft als sehr scharfkantig – ungünstig bei Anprallungen von Kindern. Optimal sind aus unserer Sicht eher rundliche Damen, die in hektischen Tagessituationen bei Zusammenstößen mit dem Airbag-Effekt aufwarten können. Übrigens *(zwinkert dem Interviewer zu)* genau meine persönliche Vorliebe – als ungebundener, aber durchaus nicht uninteressierter Mann…

Interviewer *(peinlich berührt):*

Meine nächste Frage: Quo vadis res securitas? Zu Deutsch: Wie sehen Sie die Zukunft des Sicherheitsbeauftragtenwesens?

Kleinmeyer *(sich räuspernd):*

Eine ganz große Herausforderung für die Zukunft ist der Servicegedanke. Es geht meines Erachtens nicht an, dass wir Erzieherinnen immer wieder verunsichern, indem wir bestimmte Spielgeräte oder Materialien plötzlich als zu gefährlich erklären. Die Fachkräfte brauchen vor allem Klarheit! Dafür fehlte bisher ein intelligentes Konzept, das ich, ähem, nun entwickelt habe. Im nächsten Monat erscheint mein diesbezügliches, ich möchte sagen, ähem, Spätwerk: die Broschüre „18 garantiert sichere Gegenstände für Krippe, Kindergarten und Schule". Die Idee: In den Einrichtungen werden nur diese 18 Gegenstände – belutschbar, mit abgerundeten Kanten, normschlundgerecht – vorgehalten. Alle anderen Dinge werden konsequent verbannt.

Die Hartgummiwerke sagten bereits zu, die Produktion der „Kleinmeyerschen 18 Dinge" nach meinen Mustern aufzunehmen *(greift in seine Aktentasche und legt unförmige, bunte Gummigebilde auf den Tisch).*

Interviewer *(nimmt eins der Gebilde in die Hand):*

Ist ja großartig! Doch, hat was! Das fördert ja direkt diesen… diesen Sinn … und Verstand!

Kleinmeyer *(stolz):*

Nicht wahr?

Interviewer:

Können Sie sich noch an die erste Sicherheitsmaßnahme in Ihrer beruflichen Laufbahn erinnern?

Kleinmeyer:

Oh je, das ist lange her…

Ja, ganz am Anfang humpelte ein alter Mann mit Rauschebart zu mir ins Büro und meinte, er habe in sieben Tagen eine tolle Sache erfunden. Geschöpft, sagte er – und verlangte, ich solle mal meinen Sicherheitsblick darauf werfen. Kaum hatte ich genickt, legte der Alte los: Himmel und Erde habe er erschaffen, gleich am ersten Tag. Ich: Himmel – na gut, klingt unbedenklich, aber Erde? Diese fragwürdige Masse voller Keime, verschluckbarer Steinchen und Mikroorganismen…

Was er sich in den nächsten Tagen ausgedacht hatte, war noch schlimmer: Wasser – aber nicht nur in flachen Becken, sondern in Ozeanen! Die reinste Ertrinkungsgefahr! Furchtbar gefährliche Giftpflanzen, allzu hohe Bäume ohne Fallschutzboden drum herum! Und lauter Geschöpfe – so bissig, dass sie die Kinder anfallen, oder so glitschig, dass man beim versehentlichen Zertreten ausrutscht! Ich riet dem alten Knaben dringend ab, diesen Unfug umzusetzen.

Interviewer *(neugierig):*

Und wie hat er reagiert?

Kleinmeyer:

Wie die meisten: Augen zu und durch. Nach dem Motto: Wird schon schiefgehen. Die Quittung kam prompt: Die ersten beiden Menschen, die dann in dieser sogenannten Welt herumspazierten, fanden gleich am ersten Tag den ungesicherten Gift-Apfelbaum, pflückten sich eine Frucht ab, bissen hinein – und aus war der Traum.

Glauben Sie mir: Hätte der Alte auf mich gehört, wäre das nicht passiert.

Sag ich schon immer!

Interviewer *(betont bedeutungsvoll):*

Eine zu diesem Thema passende Frage zuletzt: Hoffen Sie, nach einem erfüllten Leben in den Himmel zu kommen? Halten Sie diese weichen Wolken für einen perfekt sicheren Ort? Oder befürchten Sie eher, auf die nur unzureichend mit Fallschutz belegte Erdkugel hinabzustürzen?

Kleinmeyer *(sinnend, schließlich bestimmt):*

Ob und in welcher Form wir nach dem Tode weiterleben, lieber Herr Fink, weiß ich natürlich genauso wenig wie Sie. Aber eins ist klar: Mit dem Tode trennen sich Seele und Körper. Schauen Sie: Gefüllt mit lauter unhygienischen Inhaltsstoffen – ich sage nur: Blut, Nasensekret und Exkremente –, stellt der Körper für Mitmenschen eine nicht geringe Gefahr dar, schon zu Lebzeiten! Inzwischen glaube ich als Sicherheitsexperte fest daran: Ohne einen solch mängelbehafteten Körper ist das Leben sicherer.

Interviewer:

> Ich danke Ihnen für dieses offene Gespräch und möchte nicht versäumen, Ihnen – auch im Namen unserer Leser – alles Gute zu wünschen *(überreicht einen Blumenstrauß)*.

Kleinmeyer *(überrascht)*:

> Oh, herzlichen Dank! Wie herrlich duften sie, diese … ROSEN? Sind Sie wahnsinnig? Sehen Sie nicht die Stacheln? Ist Ihnen die Gefahr, sich durch Stichwunden bakteriologisch verunreinigter Rosen eine Blutvergiftung zuzuziehen, kein Begriff? Wollen Sie mich UMBRINGEN?

Interviewer *(flieht treppab, stolpert unglücklich über seinen offenen Senkel, schlägt des Prallschutzes wegen weich auf und lebt weiter.)*

Merke:

Die Pädagogik der Wachsamkeit ist auch unter Pädagogen,
Eltern und Trägern ein beliebter Ansatz.

Oberstes Ziel ist das Bewahren der Kinder:
vor Verletzung
vor Selbstgefährdung
vor Verschmutzung
vor …
vor …
vor …

RATGEBER:
HOW TO VERBOCK THE ELTERNABEND

Zu den schönsten Momenten im Leben von Vati, Kita und Mutti gehört
der Beschluss, eine Erziehungspartnerschaft zu wagen. Das beginnt mit der
knisternden Spannung beim Kennenlernen. „Wird die Kita ‚Purzelbummi‘
sich für uns entscheiden?" fragen sich die Eltern bang. „Ist er mein,
dieser Fünfjährige mit intaktem Elternhaus und unsichtbarem, aber den
Personalschlüssel hebenden Integrationsbedarf?" fragt sich die Kita-Leiterin
hoffnungsvoll.
Einer der wichtigsten Momente dieser jungen Beziehung ist der Elternabend,
denn schließlich kommen sich die Erziehungspartner niemals so nahe
wie in den intensiven Stunden der Erziehungs-Zweisamkeit, in denen es
herauszufinden gilt, ob man wirklich zusammenpasst. Das erfordert, dass
man auch seine dunklen Seiten offenbart.
Hier sind sie, die ultimativen Gelingens-Tipps für jeden „Also, ich melde ~~Huhu~~
Wotan-Malte sofort ab"-Elternabend:

Sorgen Sie für ein gemütliches Setting. Stellen Sie Kaffee bereit – echte
Erzieherplörre, selbstgebrannt auf der Warmhalteplatte, platziert auf dem
niedrigsten Tisch. Holen Sie die Stühlchen aus der Krippengruppe, auf
dass sich elterliche Hinterteile für lange Zeit dort fest verkeilen können.
Vermeiden Sie Lüftung und vergessen Sie die letzte Windel im Windeleimer.
So, es kann losgehen!

Begrüßen Sie die Eltern mit ölig-altenheimgerechter Stimm-Modulation.
Präsentieren Sie einen verschlungenen Ablauf verschiedenster
Tagesordnungspunkte – mit einer Gründlichkeit, die jeden Punkt bereits
komplett ausdifferenziert. Beobachten Sie, wie die nackte Angst vor einem
endlosen Abend in die Augen der zuhörenden Eltern kriecht. Und dann
fangen Sie ganz langsam an, über den Punkt aller Punkte zu sprechen: „Also,
zur Situation in der Gruppe…"

Fordern Sie nun die Eltern – alle Eltern! – auf, heitere Angebote der
Kindergruppe gemeinsam nachzuempfinden. Insistieren Sie darauf, dass auch
scheue Mütter und verklemmte Väter mitwirken, wenn sich zu Volker Rosins
Gesang im Kreisspiel die Hände fassen, wenn Hüften und Hinterteile auf
Kommando im Takt schwingen. Je entwürdigender, desto nachhaltiger!

Apropos Hüften und Po: Sich aneinander reiben, durch das Programm
hecheln, nach dem Höhepunkt der gesellige Teil – das kennt man doch!
Sprechen wir es offen aus: Elternabende sind in der Erziehungspartnerschaft
das, was in anderen Partnerschaften „Sex" heißt. Verhalten Sie sich
entsprechend. Zum Beispiel, indem Sie Ihren Erziehungspartnern
rattenscharfe Namen geben. Darauf stehen die! Schon manche coole
Oberschicht-Mum wurde bei dem Satz „Hier sind besonders unsere lieben
Muttis gefragt" weich. Und wer gerät nicht in Ekstase, wenn er wirklich mal
auf das Wesentliche reduziert wird: „Sie als Elternteil…"

Laden Sie die Eltern ein, sich mit ihren Stärken in die Einrichtung einzubringen. Vergessen Sie aber nicht, dass es unterschiedliche Eltern gibt, die jeweils besondere Stärken haben. Zum Glück sind es nur zwei Typen: Elterntyp 1 ist meist an Rundungen in Brust- und Hüftbereich erkennbar. Ihn bitten Sie um folgende Unterstützung: zum Sommerfest einen Salat, Buletten oder Heidelbeer-Erdnussbuttermuffins herstellen, Vorhänge nähen, bei der Betreuung einspringen und ein bisschen mehr auf die richtige Bekleidung an kühleren Tagen achten.

Elterntyp 2 hingegen weist meist Rundungen im Bauchbereich auf. Bitten Sie um folgende Unterstützung: den schweren Grill tragen, zusammenschrauben und bedienen. Die Gattin fragen, ob sie einen Salat, Buletten oder Heidelbeer-Erdnussbuttermuffins herstellen, Vorhänge nähen, bei der Betreuung einspringen und ein bisschen mehr auf die richtige Bekleidung an kühleren Tagen achten würde.

Es gibt keine dummen Fragen. Von diesem Satz sind Sie als Fachkraft überzeugt und schämen sich deshalb nicht, diejenige Frage zu stellen, die unter all den nichtdummen Fragen vielleicht doch die dümmste ist. Nämlich: „Gibt es noch Fragen?"

Aber hallooooooo!

Stellen Sie diese Frage schon aus Höflichkeit oft, auch in ganz irdischen Zusammenhängen: „Wir haben einen neuen Ball. Gibt es dazu noch Fragen?" Schauen Sie danach suchend in die Runde. Warten Sie geduldig auf Fragen der Eltern, auch wenn dann Fragen kommen, derentwegen Sie über den Satz mit den dummen Fragen, die es nicht gäbe, noch einmal neu nachdenken müssten. Zum Beispiel: „Wird der Ball etwa auch von den Beiträgen der Eltern bezahlt, deren Kinder nicht gern damit spielen? Enthält der neue Ball auch keine verdeckten Werbeaufdrucke, Pheromone oder anabole Steroide? Wären spezielle Mädchen-Jungs-Bälle im Gender-Sinne nicht sinnvoller? Warum war der alte, von Eltern gespendete Ball nicht mehr gut genug? Sollte ein moderner Kindergarten nicht auch Bälle in von unserer Gesellschaft schäbigerweise verpönten eckigen Formen anbieten?"

Gebrauchen Sie ungescheut pädagogisches Fachvokabular, um damit renovieren – äh, warte mal, renault... nein, renommieren zu können. Sie machen damit auf jeden Fall Eindruck. Ob nun einen positiven, fragwürdigen oder drolligen, das sei dahingestellt. Achten Sie aber darauf, Ihren Fachwortgebrauch den Sprachgewohnheiten der jeweiligen Klientel anzupassen. Angehörige unterer Schichten lieben es, durch technokratische Fachsprache gehörig verängstigt zu werden: „Watt denn – motorische Förderung? Sind die Blagen etwa zu faul, zum Spielplatz zu loofen?" Distinguiertere Eltern fühlen sich dagegen erst wirklich integriert, wenn sie den einen oder anderen fehlenden Aspekt beisteuern können: „Eine kurze Verständnisfrage: War es wirklich Marita Montezuma, die den Satz ‚Hilf, es mir selbst zu tun' geprägt hat? Mir scheint, er könnte eher auf Friedensreich von Fröbel zurückzuführen sein..."

Wenn es Kritik an Ihrer Arbeit gibt: Die nehmen Sie natürlich sehr ernst und berücksichtigen sie in jedem Fall, klar. Auch wenn die Kritikpunkte einander widersprechen, weil Dr. Hinrich Klotzkämper nicht die gleichen Ansichten über Bildung hat wie Mandy Polauke über Erziehung. Resümieren Sie also am Ende der Diskussion: „In jedem Fall nehmen wir Ihre Anregung, die Kinder stärker für das Wiederaufleben der Polyphonie im Werk Arnold Schönbergs zu sensibilisieren, in die Teamberatung mit. Und dass wir den Jungs, wenn se nich spurn, ruhich ma die Meinung geijen, dit is uff jeden Fall ooch notiert."

Kinder lieben das Geheimnisvolle. Erwachsene ebenso. Machen Sie Ihren Elternabend spannend, indem Sie die wichtigsten Rätselfragen der Eltern (Finanzielles, Personelles) einbinden. Aber tun Sie das als gute Erzählerin niemals direkt und offen, sondern möglichst verwunschen, scheibchenweise, die Zuhörerschaft bis zum Schluss im Ungewissen lassend. Sagen Sie nie „Tante Susi fehlt länger, die hat keinen Bock mehr", sondern raunen Sie verschwörerisch: „Eine Änderung in der derzeitigen Teamstruktur steht bevor… Womit ich ausdrücklich die von Ihnen benannte Susi nicht ausschließe… Mögliche gesundheitliche Ursachen… Keine Details… Aber für die Kinder ungefährlich… Eher nicht tödlich…"

In Bezug auf die geheimste und unnahbarste aller Mächte halten Sie sich am besten an die Sprachregelung Lord Voldemorts. Ihr Träger ist nämlich „der, dessen Name nicht genannt werden darf". Sagen Sie: „Man hat neue Anforderungen an uns gestellt… Es gab von oben Bedarf…" Oder: „Höheren Ortes hat man Ihre Zahlungen überprüft…"
Nur wenn es unbedingt nötig ist, darf der Unnennbare beim Namen genannt werden, mit düster umwölkter Stimme: „Es gab da einen Beschluss vom… ähem… dem Träääger…"

Schließen Sie den Abend wie jede gute Actionserie ab: Am Ende kommt der Cliffhanger, sonst schalten die Leute beim nächsten Mal nicht mehr zu. Wiegen Sie die Eltern mit sanftem pädagogischen Gemurmel in Sicherheit, bevor Sie sie mit einen Showdown jäh aus ihren Wachträumen reißen: „Wir wären jetzt mit allen Tops durch. Vielleicht eine kleine Sache noch: Heike wurde heute fristlos gekündigt. Das Bioessen kommt ab sofort vom Dürüm-Döner um die Ecke. Und wir haben im Team entschieden, morgens keine Kinder mehr anzunehmen, die schon zwei Mal Läuse hatten, rotzfrech gucken, T-Shirts mit Minnimaus anhaben oder uns an dem Tag einfach nicht sympathisch sind. So, liebe Eltern, das war's. Guten Heimweg."

SCHURKINNEN-STAATEN

Satire darf unbequeme Fragen stellen. Zum Beispiel, ob es nicht ungerecht ist, dass in nur 0,5 Prozent aller Diktaturen Frauen das Sagen haben. Das ist schade, denn so erfahren wir nicht, ob sich „typisch" weibliche Eigenschaften wie Kompromiss- und Kommunikationsfähigkeit bei der Lösung von Diktatoren-Aufgaben, zum Beispiel die Unterdrückung Andersdenkender oder der räuberische Überfall auf ein Nachbarland, auswirken. Aber Satire darf Wege aus diesem Missstand aufzeigen: Gottlob gibt es genügend Möglichkeiten, handliche Mini-Diktaturen zu begründen, zum Beispiel im pädagogischen Bereich. Diese Chance ergriffen schon jede Menge Damen – und auch einige Herren, die die Lizenz zum Diktieren quasi im Gen-Satz mitbrachten. Schauen wir mal in die pädagogischsten Mini-Diktaturen der Welt…

Na, möchtest du mir etwas saaagen?

EURE-FRAU-MÜLLER-INSEL

Auf der Eure-Frau-Müller-Insel führt die gleichnamige Lehrerin der 4a ihre Untertanen mit starker Hand. Doch es gibt durchaus Unterschiede: Während die Gruppe der Artigen Mädchen zahlreiche Privilegien genießt, leiden die unterdrückten ADHSler unter ständigen Anfeindungen. Erst kürzlich wurde der „sehr auffällige Marvin" mit Hilfe fingierter Förderpläne des Landes verwiesen.

Für Außenstehende absurd erscheint der vorgeschriebene Gruß: Jeden Morgen hat die sogenannte Klassengemeinschaft in einer Art militärischer Formation aufzustehen und zu Ehren der Herrscherin im Chor „Gutenmorgenfraumüller!" zu skandieren. Scheindemokratische Institutionen wie der Klassensprecher, ein bebrilltes Jungchen, werden von Eure-Frau-Müller schamlos ausgenutzt, um Abweichler zu ermitteln, deren Namen „zur Verwarnung" an die Tafel geschrieben werden. Nach dem Richterspruch „Jetzt ist Eure-Frau-Müller aber enttäuscht – das habt ihr euch selbst zuzuschreiben!" folgen Strafmaßnahmen wie Überraschungstest, Pausenverbot und umfangreiche Exra-Hausaufgaben.

GUDRUNESIEN

Auf den ersten Blick erweckt das Herrschaftsgebiet der Ein-Frau-Diktatur Gudrunesien einen ansprechenden, gar beschaulichen Eindruck. Die Wände des Kleinstaates sind auf traditionelle Weise dekoriert, und die aufgehängten Losungen wirken nicht wie Propaganda, sondern verkünden angenehm schlichte Lebensweisheiten. Positiv fällt auch auf, dass nicht etwa übergroße Herrscherportraits, die viele Unrechtssysteme „schmücken", sondern Bilder von Zeitgenossen präsentiert werden, die politisch als absolut untadelig gelten, zum Beispiel das Konterfei zweier freundlicher Kaninchen. Pädagowatch durchschaut diese Äußerlichkeiten jedoch und

warnt vor Gudrunesiens Repressionssystem. Die Herrscherin hat ihrem Volk, das sich Eichhörnchengruppe nennen
muss, ein absurdes Konzept der Unterdrückung körperli-
cher Bedürfnisse aufgezwungen. Laut Verfassung sind Nah-
rungseinnahme, Ausruhen und Toilettengang nur zu den von
ihr verordneten Zeiten möglich. Das Rechtssystem zemen-
tiert diesen Zustand: Strafen wie die „Essenswegnahme nach
Gemüse-Verzehrweigerung" für den ==Dissidenten== Tobi, vier
Jahre, sind an der Tagesordnung. Wie viele Opfer im sarkas-
tisch Toberaum genannten Zentralgefängnis auf ihre sogenannte Abholung warten, ist ungewiss.

Bei deen Eltern kein Wunder!

SPORTONIEN

Großzügig und licht wirkt das Territorium der Republik
Sportonien. Erst auf den zweiten Blick nimmt der Besucher
überall angebrachte Folterinstrumente – von der Decke bau-
melnde Ringe und den längst geächteten Bock – wahr, mit
denen das stündlich wechselnde Staatsvolk malträtiert wird.
Ronny Reinhard regiert das Land mit schriller Trillerpfeife.
Seine Macht sichert der Herrscher, indem er Unterführer
wie den „Mannschaftskapitän" oder „die knackige Cindy"
etabliert, die ihren Platz neben seinem Thron haben und
die Opposition, bestehend aus der Minderheit der Dicker-
chen und den Notorischen Turnbeutelvergessern, drangsa-
lieren. Ohnehin führen diese bemitleidenswerten Geschöpfe
ein tristes Leben, geprägt von Strafbank-Sitzen, Sekun-
denabwurf beim Völkerball und Stufenbarren-Hineinschie-
be-Dienst.

BUMMISTAN

„Kenne ich irgendwoher", sagen im ehemaligen Ostblock auf-
gewachsene Besucher der straff geführte No-Bananenrepublik
Bummistan. Mit Neptunfesten, Sport frei-Appellen und liebevoll
gepflegter Außenseiter-Missbilligung wird das Staatsvolk von
Bummistan mehr schlecht als recht bei Laune gehalten. Erprobt
ist auch der Umgang mit Abweichlern wie versehentlich über
die Landesgrenze geratene Praktikanten oder Fortbildner, die
„sich rechtfertigen müssen", bevor sie zügig in außerbummistani-
sches Gebiet abgeschoben werden.
Beherrscht wird Bummistan von einer Clique mittelalter Damen
mit Strähnchenfrisuren, die in sogenannten Dienstberatungen
konsequent einer Meinung sind, weil: „Meckan jibts nich!"

FILZEULENBURG

Abschottung ist das Hauptprinzip in Filzeulenburg, einem abgelegenen Kleinstaat. Für schädliche Einflüsse hält man je nach Weltlage Computer, Fernseher, Hörkassetten oder Plastikspielzeug und die sogenannte moderne Pädagogik. Die Staatsdoktrin verbindet Elemente einer von „diesem Gundolf Steiner" inspirierten Weltsicht mit dem „Annegretismus", dessen Motto lautet: „Man muss die Kinder doch schützen!" Trotz hehrer Ansprüche durchzieht Korruption alle Bereiche des gesellschaftlichen Lebens in Filzeulenburg. Ohne selbstgemalte Blumenbilder für die „liebe Annegret", Herrscherin über den Kleinstaat, geht gar nichts. Konspirative Umtriebe der Kinder verhindert die „liebe Annegret", indem sie die Volksgruppe der Eltern mit alljährlichen Muttertagsgeschenken geschickt auf ihre Seite zieht.

NEU-ELITIEN

Glänzende Fassaden und offen zur Schau getragener Wohlstand blenden den Besucher Neu-Elitiens. Erst auf den zweiten Blick zeigen sich die Schrecken des Lebens in diesem Unrechtsregime: Die jungen Bewohner dürfen mit ihrer Obrigkeit nur in der Fantasiesprache Bilingual kommunizieren und müssen sich täglich an erniedrigenden Experimenten beteiligen, zum Beispiel indem sie unförmigen „Musikinstrumenten" Töne entlocken. Als besonders sinnlosen Drill beschreiben aus Neu-Elitien Geflüchtete die schon Kleinkindern aufgezwungene Übung, alle Dinge fortwährend nach Anzahl zu sortieren und deren Anfangsbuchstaben zu nennen. Diktatorin Svetlana McLaughing, die das Land unerbittlich und mittels Finanzspritzen aus der Portokasse ihres Mannes führt, sieht das natürlich anders: „Meine Staatsbürger werden als Elite später einmal die ganze Welt beherrschen. Alles unter die eigene Kontrolle zu bringen, muss man gründlich üben. Und was eignet sich besser dafür als die eigenen Bedürfnisse?"

GRUNDRECHTE FÜR MITTELSCHICHTSKINDER

„Ich wär auch gern aus so ´ner interessanten Familie", klagt des Autors Tochter, „wo die Kinder Haue kriegen." Ein Satz, der das Dilemma auf den Punkt bringt: Unsere Mittelschichtkinder haben von all den Kinderrechten, die ihnen bei „logo" vorgestellt werden, nix. Weil sie das entsprechende Unrecht nicht erleben können! Man denke nur an das Recht, nicht in Armut aufzuwachsen: Ist bei den Eltern eh nicht die Frage. Oder das Recht, in gesunden Umweltbedingungen aufzuwachsen: Wie viel Biokram sollen die Kinder denn noch aus ihrer Brotbüchse klauben? Und gar das Recht auf Chancengleichheit in der Bildung: Davon profitieren Lennart, Maria-Luise und Esmeralda ja nun gerade nicht, wenn auf einmal jeder Hanswurst gleiche Chancen… Egal.

Es ist also höchste Zeit, spezielle Kinderrechte für diese Klientel zu verkünden, zugeschnitten auf ihre Lebenssituation. Voila – hier sind sie schon:

1. Jedes Kind hat das Recht auf nicht per Smartphone dokumentiertes Spiel. Jedes Kind – auch der putzige Lennart und die im Mini-Oma-Mantel sooo niiiedlich aussehende Marie-Antoinette – genießt das Recht, süß auszusehen, ohne dabei gefilmt zu werden. Die Teilnahme am Ponyreiten oder das Kuscheln mit Kätzchen gelten nicht als Ausnahmen. Entstehen dennoch solche Aufnahmen, sind sie auf Wunsch spätestens bei Eintritt der Pubertät umgehend zu löschen.

2. Alle Kinder haben das gleiche Recht auf Bockwurst. Kindern steht es zu, bei Großveranstaltungen ungesunde, fettige und aus den schäbigsten Teilen total unglücklicher Tiere hergestellte Bratwürste zu essen, falls deren Geruch ihre Nasen stimuliert. Sie haben ferner das Recht, jede verlangte Wurst nach Verzehr eines oder zweier Stücke nicht aufzuessen („Mir tun die Tiere so leid!") und unerwartet knorpelige Stücke umständlich aus dem Mund zu pulen („Willst du das weiteressen, Papa?").

3. Kinder haben das Recht auf unpassende Freunde. Jeder Victoria, jedem Tizian oder Thaddeus steht es zu, sich mit Jaquelinen, Ceyennen und Capricen, Jere- und Dscherremys, Domminicks oder Dschihads anzufreunden. Damit einher geht das Recht auf freies Sich-Beeinflussen-Lassen durch deren „Geschmack" – oder wie immer wir das unter uns nennen mögen.

4. Auch Mittelschicht-Kinder haben das Recht auf verwohnte, missgestaltete Kinderzimmer. Ihnen steht es frei, die von Eltern zur Verfügung gestellten Designer-Kinderzimmermöbel mit Aufklebern aller Art („McDonalds- ich liebe es", „Bibi und Tina – Teil 3") zu bekleben. Sie haben das Recht – und die Pflicht! –, den reinweißen Wandanstrich mit Handabdrücken unter Verwendung von Nutella oder Marmelade aufzulockern. Ihr Bücherregal hat das Recht, neben Kästner, Funke und Lindgren auch anerkannten Schund („Aufruhr im Reiterhof 2", „Die Rückkehr der Kackwurstbande") zu enthalten.

5. Kinder haben das Recht, auf Kultur zu pfeifen. Sie sollen als entschiedene Verachter von Geige, Klarinette oder Ballett ernst genommen werden. Entsprechende Kurse dürfen sie noch während der ersten Probestunde abbrechen, wenn ihnen das Gehampel, Gequietsche oder Gepuste keinen Spaß macht. Im Museum dürfen sie gähnen, gelangweilt popeln, den Wärter nachmachen, der Alarmanlage des Original-Dürer-Drucks gefährlich nahekommen oder dauernd nach dem Cafébesuch fragen.

6. Kinder dürfen sich in der Öffentlichkeit frei von Diskriminierung durch das Tragen affiger Mäntelchen, herziger Baskenmützchen und „Omas Liebling"-T-Shirts bewegen. Zudem ist ihnen das Recht zu gewähren, in schmutzigen Lieblingspullovern auszugehen, über mehrere T-Shirt-Schichten gezogen. Außerdem dürfen sie braun-graue Kleidungsstücke mit Grün und Pink kombinieren – auch wenn das nicht zu Muttis Stil passt.

7. Kinder haben das Recht auf unterlassene Hilfeleistung, etwa in Bezug auf die Hausaufgaben. Oder bei Ausflügen mit Freunden, bei denen weder Mutti die Hand hält noch Vati mit anderen Eltern die Ausflugsgruppe im Sicherheitsabstand von 100 Metern beschattet, gut ausgestattet mit modernster GPS-Technik und einer Emergency-Box mit Rettungsfolie. Kinder haben das Recht, in Gefahrenmomenten auf die Schnauze zu fallen, ohne danach mit „Siehst du!" und „Hab ich's gesagt?" behelligt zu werden.

8. Jedes Kind hat das Recht, seine Meinung in bockiger oder verheulter Form zu verbreiten. Eine Zensur von Kraftausdrücken wie „Eierloch", „Pupskanone", „fette Kuh" und „Dann such dir doch ein tolleres Kind" findet im Regelfall nicht statt.

9. Jedes Kind hat das Recht auf Schulversagen. Entsprechend seiner individuellen Neigungen und Interessen ist ihm zu gestatten, Mathearbeiten völlig zu verhauen, beim Hochsprung die Latte bei 65 Zentimetern zu reißen, im Test Konditionalsätze mit Konsekutivsätzen zu verwechseln oder im Unterrichtsgespräch die Hand nur zum Pulen im Ohr zu heben. Den Kindern sind nachmittags großzügige Zeiträume zur Verfügung zu stellen, um die im Schulalltag bewiesene Nicht-Begabung durch Nichtstun weiter zu trainieren und auszubauen.

10. Kein Kind ist verpflichtet, die Träume seiner Eltern zu verwirklichen. Vielmehr hat jedes Kind das Recht, seinen doofen, borniertern oder faulen Eltern immer ähnlicher zu werden. Auch wenn wir Pädagogen das überhaupt nicht ertragen.

Und _innen und *innen!

7. Reisetag:

Im ewigen Leben

Erfahre von Jessica, einer der Hohepriesterinnen Pädagogiens, dass das Leben in wiederkehrenden Zyklen abläuft. „Du kommst als Krippenkind in unsere Welt", erklärt sie mir, „und wenn du alle vom großen Pädagogo auferlegten Entwicklungsaufgaben fleißig erfüllst, wirst du die Welt nach dem Ablauf deiner Zeit als Kindergartenkind wiedersehen. Tust du engagiert all das, was der heilige Bildungsplan dir auferlegt..."

„.... werde ich als Grundschüler mit Ranzen, Brotbox und Sportbeutel wiedergeboren?"

Jessica nickt milde. „Wer dann das Tintenkillerbenutzungsverbot einhält und die Exerzitien im Schönschreibheft treulich absolviert, wird vielleicht als Gymnasiast auferstehen, also in einer der höchsten Bewusstseinsformen, übertroffen nur vom promovierten Akademiker mit Doktor Jur und mehrfachen Praktika in Dax-Konzern-Zentralen..."

„Und wenn man der Tintenkillerbenutzungslust nicht widersteht?"

„Dann bleibt man eben unten. Schlechtes Karma gibt es überall", sagt Jessica achselzuckend.

EIN KITAVETERAN PACKT AUS

Er hatte schon Dienst, als die Kita „Erdposemuckel" vor 35 Jahren eröffnet wurde, und gilt heute als einer der ältesten Aktiven auf seinem Gebiet. Aber zum verabredeten Interviewzeitpunkt treffe ich ihn nicht an. Plötzlich höre ich ein Schnaufen, ein Husten – und da kommt er unter dem hintersten Garderobenfach hervor, unser heutiger Gesprächspartner. Es ist Hansi, der Hausschuh. „Wie geht es dir, alte Socke?" frage ich nassforsch.

Hansi wirkt leicht verstimmt, als er antwortet. „Zunächst einmal verwahre ich mich gegen die Bezeichnung Socke. Einige unserer größten Konkurrenten gehören schließlich zu dieser Bande – die verdammten Stoppersocken. Sie sind schuld, dass so viele meiner Freunde in den Achtzigern ihre Arbeitsplätze verloren", erinnert er sich. „Dabei hatten es diese Woll-Monster einfach nicht drauf, Kindern das zu geben, was sie brauchen. Nämlich Halt, Stütze, eine feste Sohle und bestimmt keine Noppen!"

Erfreut stelle ich fest: Hansi hat als Hausschuh eine dezidierte Meinung über Pädagogik. „Ja", stimmt er zu, „aber stets berücksichtige ich die Interessen meiner Beschäftigtengruppe, also der IG Fußwärme." Aus diesem Blickwinkel sieht er den Wandel in der Pädagogik mit einem weinenden und einem lachenden Auge. In den frühen Jahren seiner Dienstzeit, noch unter Tante Siegrun, forderten ihn überlange Dienstzeiten am Fuß der kleinen Hilde ziemlich heraus: Nonstop vom Bringen bis zum Gehen. Und wehe, Hilde setzte ihn einmal für zwei Minuten ab! Heute freilich frage er sich angesichts mancher jungen Pädagogin, ob er überhaupt gebraucht werde. Stundenlang läge er abgestreift in der Forscherecke oder im Bauraum, klagt er, ohne dass die „jungen Damen" und „dieses Knäblein" von seinem aktuellen Tragekind gefordert hätten, ihn wieder anzuziehen. „Fußkalt" und „Erkältungsrisiko" – solche Wörter kennen wohl deren Smartphones nicht.

Manchmal, da könnt ich sie alle ...

Die heutige Jugend neige ohnehin zunehmend zum Schabernack, lamentiert der gestandene Fußwärmer. Mit Karacho von der Hochebene geschmissen zu werden, so etwas ertrage er, denn: „Bin ja schließlich keine Holzpantine oder so'n niederländischer Klompen." Aber Vorhaben einzelner Kinder, ihn mit Reißnägeln zu spicken oder gar bis zum Rand mit Wasser zu füllen und den arglosen Besitzer reinschlüpfen zu lassen, das missbillige er zutiefst.

Einmal landete er sogar im Garten – Hansi schüttelt sich – und habe mitten in einer Pfütze warten müssen, bis ihn die Praktikantin gerettet habe.

„Kinder müssen ihre eigenen Wege gehen dürfen", habe ihm die Kitaleiterin auf seine vorgebrachten Bedenken über diese Achtlosigkeit gesagt. Da sei ihm, erzählt Hansi, die Spucke weggeblieben, und er habe gedacht: Aber doch bitte nicht in Hausschuhen!

Als ich wissen will, ob es Hansi belaste, dass ihm und seinesgleichen in solchen Pädagogik-Diskussionen eher eine Nebenrolle eingeräumt wird, stellt er klar: „Im Grunde nicht. Ich bin immer noch stolz, zum Fußvolk zu gehören. Aber es gab Zeiten, da hätte ich mir gewünscht, mal mit meinen Leuten nicht im Mittelpunkt zu stehen. Wahrscheinlich erinnern Sie sich, junger Mann, nicht mehr an den Schlappen-Skandal, in dem Kitaleiterin Lotte Behrend kurz vor der Entlassung stand und der Jugendbeigeordnete in der Kita antanzen musste, weil die Nobel-Schläppchen der Elternvereinsvorsitzenden-Tochter zum zehnten Mal verschollen waren."

Ich nicke schuldbewusst, weil ich mich keineswegs erinnere, und registriere plötzlich, dass Hansi hinter seiner jugendlich wirkenden Oberfläche reichlich derangiert aussieht und einen schwer zu überspielenden käsigen Geruch verströmt.

Vorsichtig frage ich, ob er sich in seinem Alter nach so einem Tag im Kindergarten nicht ziemlich schlapp fühle. „Ein Hausschuh macht nicht erst schlapp. Er gehört von klein auf zu den Schlappen", kalauert Hansi – und wird ernst. Vor allem fehle ihm und seinen Altersgenossen Raum zum Pausieren, was nervige Folgen haben kann. Als sein Freund Kurt sich letzte Woche nur kurz zum Grübeln hinter die Wechselwäschekommode zurückgezogen habe, „belfert gleich so eine Supermutti los: ‚Ronan, wo ist dein linker Hausschuh schon wieder? Ronan, such bitte mit! Annegret, Ihre Aufsichtspflicht als Erzieherin erstreckt sich verdammt noch mal auch auf Hausschuhe!' Auf Knien hat man den müden Kurt gejagt!"

Was macht jemand wie Hansi richtig wütend? „Ich sage nur: Ballerinas", schnaubt er. „Ein widerliches Paar aufgemotzter Ballerinas in Pink hatte eines Tages meinen Job, das Wärmen von Fritzis Füßchen, übernehmen wollen. Ich wäre beinahe gepackt und entsorgt worden! Gut, dass ich mich in letzter Minute hinter den Staubmäusen unterm Garderobenfach des immer kranken Immanuel verbergen konnte." Gottlob sei der Spuk schon nach einer Woche vorüber gewesen: „Beidseitiges Zehenloch! Diese jungen Dinger von Kaufland halten einfach nix aus!"

Gab es weitere düstere Momente in seiner Berufslaufbahn? Ungern lässt sich Hansi sein „Fundkisten-Trauma" entlocken: Jahrelang habe er dort als „Pusche der Reserve" vergeblich auf längere Einsatzzeiten als zwei, drei Tage gewartet. „Und dann geschah ein Wunder, mein zweiter Frühling", berichtet er, und plötzlich leuchten seine Filz-Augen: Eine dieser blutjungen Mütter habe vor ihm gestanden – „die hätte auch gut ein Ex-Kind aus der Anfangsphase sein können" – und gesagt: „Megakrass, ein voll süßer Retro-Hausschuh!" Er fühlte sich wie neugefilzt, erinnert sich Hansi.

Wie lebt so ein Kita-Veteran privat? Hat er sein Glück gefunden? Schon seit längerem lebe er solo, denn seine Partnerin Tatjana sei eines Tages spurlos verschwunden, erzählt Hansi. Eine Weile habe man sie noch gesucht, aber: „Nitschewo!"

Eine neue Verbindung reizt ihn nicht? „Soll ich mich vielleicht mit einem einsamen pinken Croque zusammentun? Wie sieht das denn aus?" fragt er rhetorisch. Aber: Seit kurzem gebe es in seiner Kita eine Lebensgemeinschaft zweier – jetzt raunt Hansi verschwörerisch – linker Hausschuhe an einem Beinpaar. „Verstehen Sie? Tja, gleich und gleich gesellt sich gern…"

Er könne damit nicht umgehen, bekennt Hansi und bezeichnet sich als konservativ, schon weil er als Hausschuh immer der Rechte war. „Der liebe Hausschuh-Gott, also unsere Fabrik, hat sich doch was dabei gedacht, uns als linke und rechte Hausschuhe zu paaren. Da darf der Mensch nicht reinpfuschen! Außerdem, wie soll das gehen, wenn die mal miteinander, äh…"

„Jedem Schühchen sein Vergnüchen", reime ich holprig, aber Hansi ist nicht überzeugt.

Befürchtet er, dass das ehrwürdige Hausschuh-Gebot in Kindergärten einmal ganz verschwinden könne? „Ach, was", Hansi winkt ab, „selbst wenn die Welt eines Tages untergeht – im Kindergarten wird Mittagsschlaf gemacht, Kostehäppchen werden verteilt, Fotos vom Zoobesuch werden schief aufs Dokuposter geklebt, und Hausschuhe werden angezogen. Hier will doch niemand Zustände wie in diesen Schulen, in denen Kinder in Straßenschuhen umherlaufen. Widerlich!"

Als ewiger Optimist, der Hansi nun mal ist, träumt er lieber von einer Welt, in der das goldene Zeitalter begonnen hat: mit Hausschuh-Pflicht in U-, S- und Regionalbahnen, voller Hausschuh-Kneipen mit extra ausgewiesenen, diskriminierenden Straßenschuh-Bereichen und mit einem Bundestag, in dem der Bundestagspräsident endlich Klartext spricht: „Frau Kanzlerin, ich erteile Ihnen nun das Wort – unter der Voraussetzung, dass Sie sofort Ihre Straßenschuhe vor den Eingang in die Lobby stellen. Aber husch husch!"

„Man kann also getrost zusammenfassen, Hansi", resümiere ich, „Sie sind bereit für den Kindergarten von morgen. Egal, wie bilingual und digital er wird?"
Hansi blickt mich unwirsch an. „Digital, bilingual – ich geh jetzt wieder ins Regal." Und zieht sich, leise hustend, unters Garderobenfach zurück.

Achtung, FSK-16-Textstelle!

EIN FACHGESPRÄCH
IM HIMMEL

Steiner sprach zu Fröbel: „Fritz,
dein Konzept ist doch ein Witz.
Du mit deinen Fröbelgaben,
kannst mich echt mal gerne haben.
Deine Sterne sind auch Käse.
Merk dir: Salutogenese!"

„Steiner!" replizierte Fröbel,
„unterlass' er dies Gepöbel!
Meine Steine werden bleiben.
Dein Quatsch vom astralen Leibe,
Wesensglied und Eurhythmie
erreicht diese Würden nie!
Sage ehrlich: Glaubst denn du die
kruden Thesen selber, Rudi?"

„Rege er sich ab, mein Bester!
Ich, der große J. H. Pesta-
lozzi, immerhin erfand
einst den Dreiklang: Kopf, Herz, Hand!
Darf ich sagen: Ohne mich
wär' das Kind nicht ganzheitlich?"

„Scusi, beste professori",
ätzte da Frau Montessori,
„Wer von uns erdacht' denn nun
`Hilf mir doch, es selbst zu tun'?"
„Guter Satz!" rief Herbart, „doch
eine Frage hätt ich noch:
Worin sehen Sie den Nutzen,
Kupferkessel blank zu putzen?"

„Mon ami, du bist veraltet,
weil dein Kind sich nicht entfaltet",
murrte Celestin Freinet.
„Freie Arbeit – die Idee
hat hingegen Ewigkeit!"
„Ungern stör' ich euren Streit",
mischte sich ein Dicker ein.
„Kinderpflege, die muss sein!
Und am besten hilft da Beten,
stets gefolgt vom Wassertreten!"
Fröbel frug: „Was soll der Kleister,
Kneipp, du alter Bademeister?"

Ein Gerangel! Ellen Key
zeterte: „Du tust mir weh!"
Neill kniff Wild, das schmerzte sehr:
„Du – antiautoritär?"
Haare flogen! Tritt in Po
von Jean Paul zu Jean Rousseau!
Piaget biss Wagenschein!
Plötzlich Stille – Gott trat ein!

Und Gott sprach: „Ich muss euch strafen.
Ab jetzt: Wieder Mittagsschlafen!"

ZUM SCHLUSS:
PÄDAGOGISCHE KLEINANZEIGEN

Nach schwerer Enttäuschung bin ich, eine in die Jahre gekommene Einrichtung, doch wieder entschlossen, eine Erziehungspartnerschaft zu wagen. Gibt es irgendwo eine Elternschaft, die es gut mit mir meint? Kinder kein Problem.
c/o „Elfenland"

Die „Bummi-Oase" ist eine Kita, die alles hat, was das Herz begehrt. Sie sieht gut aus, ist hervorragend ausgestattet, hat mehrere frauliche Körper und zahlreiche Kinder.
Aber manchmal spürt sie, dass in ihrem Leben etwas fehlt: eine Schulter zum Anlehnen.
Chiffre: Mehr Männer in die Kita!

Leon ist ein erfolgreicher, außergewöhnlich intelligenter und musisch sehr interessierter junger Mann, der gern im Oberklasse-Van zum Geigen- oder Ausdruckstanzkurs gefahren wird. In seiner Freizeit führt er kultivierte Gespräche und hat tadellose Manieren. Bildung ist für ihn ein Feld, in dem er sich täglich bewähren möchte. Nur eines ist ihm bisher noch versagt geblieben: Jemand, der all das mit ihm teilen möchte! Gibt es denn nirgendwo auf der Welt eine Bildungseinrichtung, die seine – und vor allem unsere – hohen Ansprüche an das Leben teilt?
Chiffre: Muttis und Vatis Liebling

Nach langem,
von allen Nahestehenden tapfer ertragenem Kampf
ist heute spätnachmittag unsere liebe

Leonie

in Frieden heimgegangen.

Deine Mutti, Dein Vati und die ganze Nachbarschaft
aus der Rosenstraße

Unser Dank gilt allen,
die sie auf ihrem letzten Weg für heute
(abgesehen vom Ins-Bett-Gehen,
uns graut schon davor!)
begleitet haben.

Besonderer Dank gilt
Erzieherin Rosi für ihre Abschiedsworte
(„So, ich möchte dann mal Feierabend machen.")
und
dem Eismann Carlo Galotti für seinen
verständnisvollen Versuch, Leonie den Heimweg zu erleichtern
(extra Streusel auf der Eistüte).

Statt Blumenspenden
erbitten wir
Süßigkeiten, weil unsere Vorräte
aufgebraucht sind.

..aber bitte
ungesüßt!

91

PÄDAGOGIEN

VON KENNWA-SCHON UND SELTEN-HINTERFRAGT NACH NEU-DENKEN

Herzlich Willkommen in der interaktiven Wanderausstellung von **wamiki**

Pädagogien? Ein solches Land gab es bisher nicht. Aber es wurde Zeit, es zu erfinden. Denn alles, was ein solches Land braucht, gibt es schon längst: den eigenwilligen Menschentyp der Pädagogen. Eine bestimmte Sprache, die diese verwenden: mal pädagogisch ausgedrückt … Eine bestimmte Art zu denken, sagen Außenstehende. Auch das Gebiet, in dem das Land errichtet werden könnte, ist schon längst da: die pädagogische Landschaft.

Von Kenn-wa-Schon und Selten-Hinterfragt bis nach Neu-Denken. In der interaktiven Wanderausstellung veranschaulichen sinnlich wahrnehmbare Orte pädagogische Ideen, Konzepte, Begriffe, Praktiken, Methoden. Aufbereitet mit reichlich Satire und kombiniert mit Alltagsgegenständen in neuer Bedeutung. Hier können Akteure sie bewegende Schlüsselthemen, Trends und Rituale von Politik und Pädagogik mittels Installationen, Bildern, Geräuschen, Performance, Sprachen … spielerisch und unterhaltsam ko-konstruieren.

Die Ausstellung macht Unsichtbares sichtbar, sie kreiert Anlässe zur Reflexion über Alltagsroutinen und Konzepte. Für alle pädagogisch und politisch Interessierten in Ausbildung, Studium und Praxis. Schlüsselthemen und Veränderungsmethoden werden in räumlichen Formaten inszeniert – für einen Austausch auf Augenhöhe und lustvolles Lernen im Dialog.

Die Wanderausstellung ist in unterschiedlichen Größen aufbau- und kombinierbar mit Aus- und Weiterbildung, pädagogischen Events und Kongressen der besonderen Art.

Hallo!

Pädagogien – ein Land voll stolzer Leuchttürme und edler Halbgötter – birgt aber genauso auch tiefe Abgründe, deren Talsohle weit unter dem Meeresspiegel liegt.

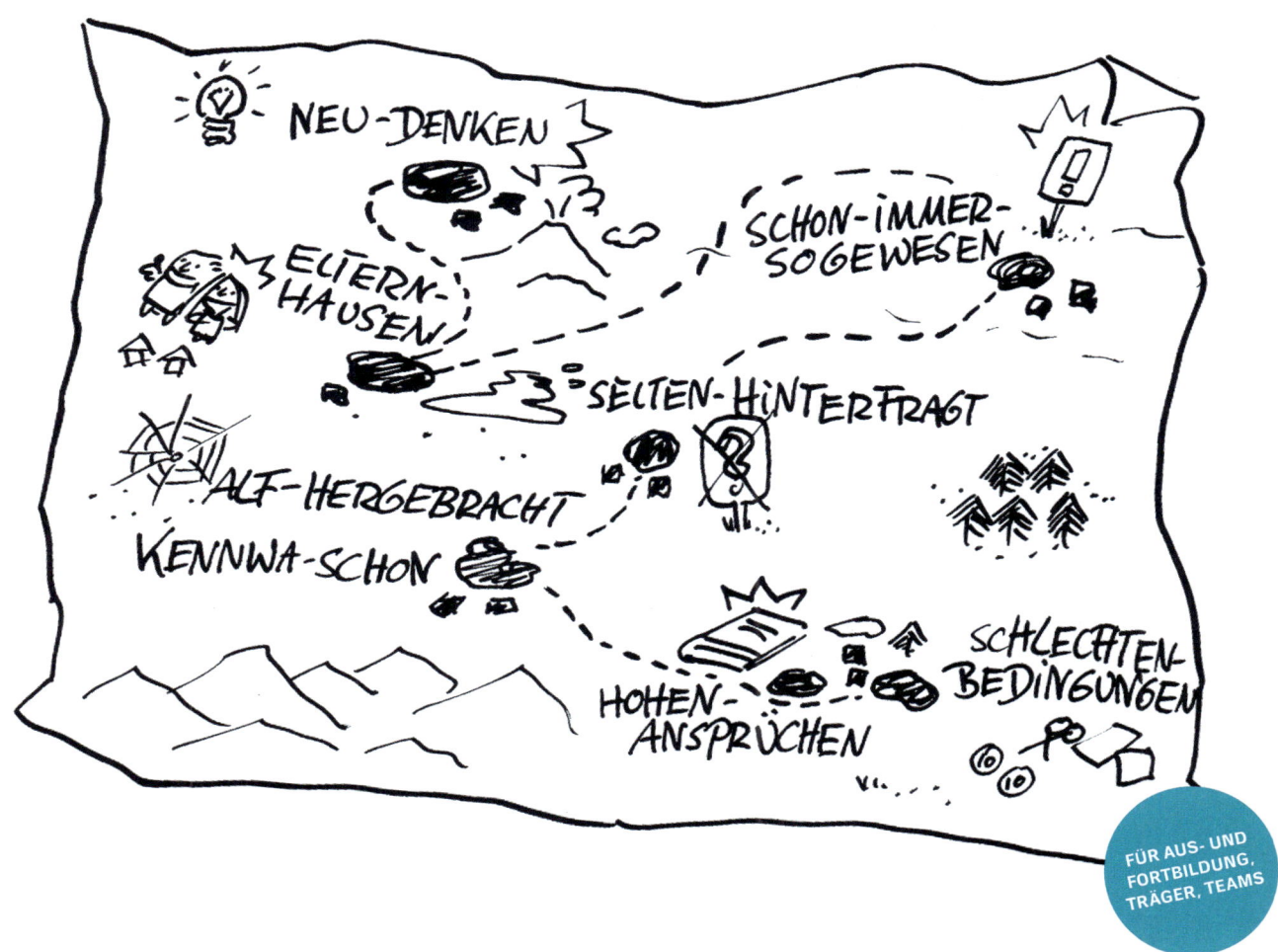

FÜR AUS- UND FORTBILDUNG, TRÄGER, TEAMS

Zwischen Hohen-Ansprüchen und Schlechten-Bedingungen

Eine große Region in Pädagogien nimmt das Tal der Schlechten-Bedingungen – umsäumt von Bildungsgipfeln – ein. Weh und Ach. Und Yippie Yeah! Diese Landschaft hält das ganze Land gefangen. Umherirrend auf dem großen Bildungsplan und unterwegs auf der Bildungsautobahn sorgen die wichtigsten Verkehrsschilder in Pädagogien für Neu-Orientierung.

In Schon-Immersogewesen

Traditionspflege pur! Von „Kostehäppchen" (2005 n. Chr.), „Schlafwache" (2010 n. Chr.) über „Muttertagsgeschenk" (2011 n. Chr.) bis hin zu den „Händen von hinten" (2015 n. Chr.) – hier warten Funde aus grauer Vorzeit, liebevoll konserviert: Uralte pädagogische Traditionen, die über Jahrzehnte oder -hunderte von Generation zu Generation weitergegeben, liebevoll gepflegt und immer wieder aufgefrischt werden: Vor allem mit glänzenden Begründungen, warum das, was einmal richtig war, trotz aller neuen Erkenntnisse nicht einfach so über den Haufen geworfen werden kann. Und welche Urzeit-Rituale pflegst du?

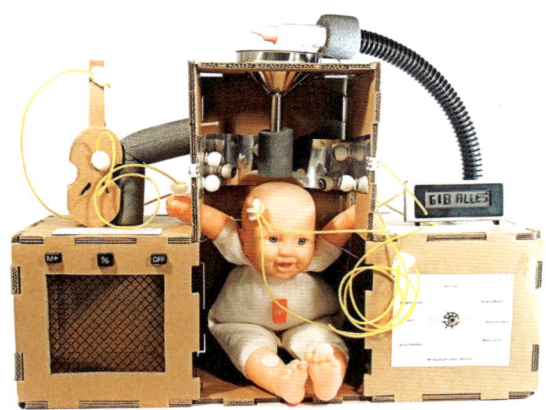

In Alt-Hergebracht

Von Muttipädagogik, Gefahrenvermeidungsansatz, über Kofferpädagogik, Wenn- und Aber-Ansatz bis hinauf zur Höhe des großen Ansatzes – die beliebtesten heimlich gelebten Bildungsprogramme und Instrumente der Pädagogier kann man jetzt sehen, fühlen, riechen… Oder auch weitere, bislang nicht festgeschriebene pädagogische Konzepte erforschen, die das Handeln von Erzieher_innen, Lehrer_innen, Eltern und Fachleuten so nachhaltig prägen. Gestern, heute und morgen? Und welchen Ansatz lebst du?

In Selten-Hinterfragt

„Das ist ja das Bild von einem Mann!" Auch das chronisch männerarme Pädagogien kennt diese Redewendung. Noch mehr Bilder jedoch machen die Pädagogier_innen vom Kind. Wie stellen sie dieses Bild dar? Nicht mit der neuen Team-Digitalkamera oder mit den restlichen Fingerfarben, sondern tief aus sich heraus: Aus dem Herzen, aus der Seele? Wie schauen sie auf Kinder? Und wie auf Erwachsene? Mit der Mein-Kind-Brille, der Defizit-Brille oder lieber mit der Brille: Fokus-Pisa-Plus? Welche Brille passt zu dir? Aufsetzen und Überraschung!

In Kennwa-Schon

Nichts ist stärker als eine Idee, deren Zeit gekommen ist? Doch viel stärker als all die guten Ideen moderner Pädagogier_innen scheinen die Sprüche derjenigen, die das ganze sowieso mal wieder für undurchführbar, übertrieben und albern und … halten? Genug gemeckert, genug belächelt, genug geklagt? Hier könnt ihr Demotivationsmauern und Sprachbarrieren praktisch abreißen und Stolper- in Meilensteine verwandeln!

In Neu-Denken

Sind wir zufrieden mit „unserem" Stück Pädagogien? Kuscheln im gemütlichen Elend, verharren im Muss-Man-Gang, krabbeln in der Höhle der harten Worte? Oder träumen wir davon, dass auch alles ganz anders sein könnte? Aber niemand von der Regie sorgt dafür, dass unser Traum Wirklichkeit wird? Dann wird es Zeit, gemeinsam den Traum wahrzumachen — indem wir ihn leben! Von-Perspektiven-wechseln bis Alles-auf-den-Kopf-stellen — räumlich inszenierte Methoden der Veränderung weisen vergnügliche Wege dahin …

Mehr Infos über Idee, Ausleihbedingungen, Nutzungskonzepte, Finanzierung, Workshops … gibt es bei:
Was mit Kindern GmbH ∫ Kreuzstraße 4 ∫ 13187 Berlin
Telefon: +49 30 48 09 65 36 ∫ Fax: +49 30 48 09 65 35
E-Mail: redaktion@wamiki.de ∫ wamiki.**de**

Das Heft „Unterwegs in Pädagogien" von Michael Fink und Extras von Tasche könnt ihr unter: wamiki.**de** oder im Buchhandel kaufen.

Notizen: